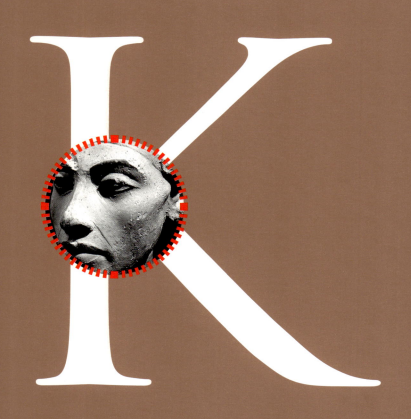

Hermann A. Schlögl

埃赫那吞

ECHNATON

〔德〕赫尔曼·A. 施勒格尔 / 著

杨稚梓 / 译

社会科学文献出版社
SOCIAL SCIENCES ACADEMIC PRESS (CHINA)

纪念

约翰·穆尔福德（1939~2007）

埃德加·魏泽曼（1927~2007）

第一章 继位之路

无论什么，一经想到就再不可逆。

——弗雷德里希·迪伦马特

（Friedrich Dürrenmatt）

公元前1351年，一位名叫阿蒙霍特普四世（Amunhotep IV）的年轻人登上了法老的宝座。他的名字发音可能是"阿曼夏特帕"（Amanchatpa），我们德语里通用的是它的希腊语形式"阿门诺菲斯"（Amenophis）。这个年轻人将成为一位卓越的人物，对文化和宗教史产生的影响延续到我们的时代，因为他创造了人类历史上第一个一神宗教。

　　在很长一段时间里，阿门诺菲斯的踪迹我们只能看个大概，这位奇人引发的种种推测和大量假说往往使他的形象更加扑朔迷离。不过，过去数年间的考古发现恰好大大扩充了我们现有的关于他的材料，所以是时候重新观察一下这个人物的全貌了。本书主要叙述我们已经确定的情况，毕竟有些出版物让一些猜测流传开来，如果对每个猜测都荡开一笔去讲，或者去处理那些有时候还彼此矛盾的假说，本书的篇幅就不够了。

　　阿门诺菲斯四世是著名的埃及第 18 王朝第 10 位法老，第 18 王朝当时已经统治尼罗河谷地 180 多年了。它的缔造者阿赫摩斯（Ahmose）（公元前 1540~ 前 1525 年在位）把外来的闪米特人赶出了埃及，这些亚洲统治者被尊称为"贺考夏苏特"（Hekau-chasut），意为"异国的统治者"，希腊语称为"喜克索斯"（Hyksos），曾把尼罗河三角洲上的城市阿瓦里斯据为都城百年以上，现在阿赫摩斯永远地终结了他们的统治。此举开创了新王朝的灿烂时代，其间埃及一跃成为世界强国。埃及吞并了独立国家库施（Kusch，即努比亚），向那里派遣了一位埃及总督，实行严酷的统治。总督职位一般交给一位高级行政官员或军官，他们拥有"库施王子"（Königssohn von Kusch）这一头衔。拥有采石场和金矿的努比亚对这一时期埃及经济的蓬勃发展至关重要。

相比于努比亚，埃及对同为其占领地的叙利亚和巴勒斯坦的统治则没有那么严苛，这是因为米坦尼王国（Mitanni-Reich）控制着叙利亚北部，与埃及的势力范围相邻，因此埃及无法完全保障在这两个地方的权力。这个地区的军事争端直到阿门诺菲斯四世的祖父图特摩斯四世（Thutmosis IV，公元前 1397~前 1388 年在位）时期才随着北方赫梯人的入侵结束。因为那时，米坦尼被夹在两军前线之间，只得与埃及讲和，和约通过图特摩斯四世与一位米坦尼公主的婚姻缔结。这样，两国对峙多年后终得和平，可以一致对敌了。

然而，图特摩斯四世英年早逝。他的儿子阿门诺菲斯三世（Amenophis III，公元前 1388~前 1351 年在位）年仅 12 岁就继承了王位，不过最开始是由其母穆特姆亚（Mutemuia）摄政。王国的边界总的来说还算安定，有案可稽的只有法老执政第五年的军事行动：一场努比亚人的起义被镇压，不过这场军事行动的指挥权不在法老手里，主帅是库施总督梅利莫泽（Merimose）。

阿门诺菲斯三世册封泰伊（Teje）为大王妻（Große Königsgemahlin，亦称"王后"），她出身平民，来自位高权重的官员家庭。统治者和平民女子的婚姻是前所未有的事件，因为泰伊尽管出身显赫，却不满足大王妻的身份前提。至今，唯独有王室血统的公主才具有当大王妻的资格。她的父亲尤亚（Juja）是"公牛主管"（Rindervorsteher）和"敏神的先知"（Prophet des Gottes Min），来自埃及中部城市艾赫米姆（Achmim，古埃及语为 Ipu）。作为法老的岳父，他获得了一些荣誉头衔，如"神之父"（Gottesvater，埃及语 it-netjer），这个头衔表明他是法老的亲属。惊人的是，尤亚及其妻图雅（Tuja）的数位子女左右埃及的政治长达几十年。大王妻泰伊生下两个儿子——王子图特摩斯

（Thutmosis）和阿门诺菲斯，四个女儿——公主
塞塔蒙（Satamun）、伊西丝（Isis）、赫努塔奈
（Henutaneb）和尼贝塔（Nebetiah）。她举足轻
重，十分强势，很快就扮演起国家领导者的角
色。不过她的兄弟阿南（Aanen），后来尤其是
阿亚（Aja），也得到了重要的职位，意义非常。

　　阿门诺菲斯三世在位期间，王宫豪华，空
前绝后。他不仅是一位有影响力的外交家，而且
热衷搞王室排场。就这样，作为建设者，他超越
了所有前朝君王，在这方面他显然对巨型建筑偏
爱有加，这种品味是开创性的。他委派来自尼罗
河三角洲城市阿特里比斯（Athribis）的哈普之
子阿门诺菲斯（Amenophis，Sohn des Hapu）总
领建筑工程。这位建筑师获得了至高的荣誉，法
老甚至允许他在底比斯西侧（Theben-West）①
为自己建造一座陵庙，这之前可是法老独享的
特权。因其赫赫功绩，建筑师阿门诺菲斯在埃
及的民众中也是一个十分有名的人物，直到几
百年之后，他还被人们当作伟大的贤人加以崇

---

　　① 底比斯横跨尼罗河两岸，西侧是法老的安息之地。——
编者注

敬，乃至被奉为神灵。然而，赞助他的国王此时已经被人遗忘。"建设者"法老阿门诺菲斯三世建造了卢克索神庙（Tempel von Luxor），这座神庙至今仍是古埃及建筑最惊人的代表之一。底比斯西侧的法老陵庙同样规模巨大。除了一些有趣的出土残块之外，保留至今的只有曾经守候在大门两侧的那两尊将近20米高的法老坐像。古典时代，游历尼罗河的希腊和罗马游客把这两尊坐像看成对门农（Memnon）的写照，这位传说中的埃塞俄比亚国王在特洛伊城前死于阿喀琉斯之手。因此，这两尊坐像至今仍被称为"门农巨像"（Memnonkolosse）。

政治方面，阿门诺菲斯三世周全地考虑了埃及与周边民族的平衡关系，为此缔结了几次政治婚姻。还在统治初期，米坦尼国王舒塔尔纳（Schutarna）之女基鲁克帕公主（Prinzessin Giluchepa）就进了他的后宫，不过后宫里面还有不少其他王公之女，包括一位巴比伦公主。后宫嫔妃居住在宫殿中一个单独的区域里（埃及语 cheneret），她们和自己的随从在这里得到照管。这里有农田、牛群、磨坊和织造工场。

管理后宫的任务被交给专门的官员，而不是后宫看守或者宦官。这也是一个与世隔绝的组织，其成员构成或多或少相对独立的群体，几乎全员没有姓名。生活在后宫里的贵妇和公主作为嫔妃，只对法老一人负责，是他的女伴，全心全意地迎合他。为了取悦他，她们还要提供音乐、舞蹈表演。到统治末期，国王已经体弱多病，但最后还是迎娶了米坦尼新王图什拉塔（Tuschratta）的女儿、年轻的公主塔杜刻帕（Prinzessin Taduchepa）。图什拉塔希望米坦尼与埃及的关系坚不可摧，因为赫梯国王苏庇路里乌玛一世（Suppululiuma I，公元前1355~前1320年在位）的大军已经开始进逼米坦尼。在最后的这段岁月里，阿门诺菲斯三世还晋封自己的两个女儿为"大王妻"。不过这也不一定意味着实际的婚姻，两位公主只是通过这个头衔获得了负责重要王室应酬的权限。

阿门诺菲斯三世在位第30年，王储图特摩斯突然去世。王储取了祖父图特摩斯四世的名字，长期生活在孟菲斯（Memphis）。和之前所有的王储一样，他在这座卫戍城市里接受了军事训练，由此获得了"军队司令官"这一头衔，不过同时也在该地的卜塔神庙里履行大祭司职责。这个时期有一座石棺（现存开罗博物馆，编号 CG 5003）保存下来，是这位王储为了安葬一只神猫供上的，他接受的传统宗教培训恰好被以这种方式记录了下来。过世后，王储有可能被葬在孟菲斯地区。

只因王储早亡，他的弟弟才有机会登上王位。这样一来，继任的国王不叫图特摩斯五世，而是称阿门诺菲斯四世。

第二章 在多神教环境中成长

位于底比斯的阿门诺菲斯三世时期的谢赫阿布代库尔纳墓（Scheich Abd el-Qurna 226 号墓）里有一幅图像，上面画的是一位可惜不知姓名的"王室抄写员"兼"王子教师"，他怀里坐着他四个赤身裸体的孩子。这些小王子是阿门诺菲斯三世的儿子，留着少年人的鬈发，戴着圆盘形的耳饰。可惜，记录受监护人名字的铭文没有被发现。王子中看上去年龄最大的那个伸着右胳膊，正在抚摸老师的肩膀。这有可能是王储图特摩斯一张早年的画像；紧挨着他坐的可能是他的弟弟阿门诺菲斯。他们在老师那里为未来的宫廷生活做准备，学习书写和阅读，从事体育活动。不过他们首先要被引领接触最精深的宗教奥秘。对于我们来说，尤为重要的问题是：未来的宗教创始人是在什么样的宗教理念和信仰中长大的？又是哪种精神氛围可能对他产生了影响？

埃及神祇的起源要归功于直接体验：地下天上，人们感知到的所有东西都可能体现了某位神灵的力量，所以神灵数量庞大。他们居住在天上或者地府，但是人在地上为他们建造了巨大的庙宇，让他们也可以在人间逗留。神庙最里面那一部分有他们的神像，用金子、石头和青铜做成，摆在神殿里，只有少数选出来的祭司可以进入神殿，为的是每天用宗教祷文做祈祷，并对神像履行规定的职责。但神灵的庙宇中其余的场所和院落也只有一群有特权的人可以踏入；普通信徒在庙门，也就是双塔式门（Pylon）前进行祈祷。

无疑，公元前 2500 年之后，这个国家最重要的神就包括太阳神拉（Re）。他偏爱的祭祀地点是赫利奥波利斯［Heliopolis，埃及语为 Junu，即《圣经》里的昂（On）］，这个城市在埃及宗教生活中扮演着重要角色，在政治方面则毫不突出。除了拉还有其他太阳神，他们各自呈现着太阳的一个特殊形象，大致对应一天中的不同时间。比如彻帕里神代表早晨的太阳（Chepre，"新兴者"），这位神的形象是蜣螂（圣甲虫）。人们把白天的太阳形象化为哈拉克特神（Harachte，"地平线的荷鲁斯"），他化身为太阳神鹰穿过天空；这位神是从古老的天神及国王的守护神荷鲁斯（Horus，"遥远者"）中分出来的，后者一般作为"荷鲁斯名"处于法老王名圈的第一位。太阳在晚间的形象等同于阿图姆（Atum，"无差别者"），这是一位重要的远古神祇，其主要的祭祀中心同样在赫利奥波利斯。

然而，太阳神拉是创造神，仅是每位法老都把自己称为"拉之子"就体现了他的重要性。他是世界的维持者，乘一小舟，白天穿过天空，夜晚穿过地府。在这种想象中，乘着白日小舟经历一段劳累的旅行后，太阳神和随从一起登上夜舟，踏上下一段12个小时的旅程，穿过地府的江河湖海，但地下的水域并非毫无危

险。这里潜伏着诸神的敌人、蛇形的阿波菲斯
（Apophis），他超越存在，因此永远也不可能被
消灭。整个夜里，阿波菲斯都会在前往地府的
太阳神的道路上制造障碍，威胁他，由此也威
胁世间万物。只有使用魔法才能免于被阿波菲
斯伤害。在前行的途中，太阳神还要与地府的
统治者奥西里斯（Osiris）短暂地合二为一，以
便在随后的清晨恢复活力，重新在东方升起，
再次开始白天的行程。如今，奥西里斯仍然是
埃及众神中最著名的神祇，这都是因为奥西里
斯崇拜在罗马帝国晚期传播到地中海周围的所
有罗马行省。这位神祇之所以在这些地区大受
尊重，是因为他的命运。神话中，奥西里斯曾
是埃及国王，被自己的弟弟塞特（Seth）谋杀，
尸体被切成很多块并被扔进尼罗河。随后凶手
篡位。然而，死者的姐妹兼妻子伊西斯拥有强
大的魔法，对亡夫的哀悼之情无以复加，甚至
用自己的悲鸣把丈夫暂时唤回人世，好让自己
怀上儿子，即荷鲁斯。后来，荷鲁斯为自己惨
遭杀害的父亲从篡位者塞特那里讨回了公道，
作为合法继承人登上王座。不过，奥西里斯并

非在人间复活，而是成为地府的统治者。为了模仿这则神话，每位埃及法老都作为荷鲁斯的化身继承父亲的王位，而先王则因死亡扮演奥西里斯的角色。

女神马特（Maat）是埃及诸神中具有特殊意义的一位，她是太阳神拉的女儿，被描绘为头顶一根鸵鸟羽毛，这根羽毛同时也是她的象征。她被视作创世者创造世界时指定的世界秩序的化身。作为一个抽象概念，马特也意味着"真实"和"公正"，是混沌的对立面。一份古埃及文本写道："世界的准则就是马特的实现。"于是太阳神在宇宙中实现马特，在大地上，这可就是法老的使命了。

从公元前 2000 年初开始，诸神中至高无上的就是王国主神阿蒙（Amun）。他的名字意为"不可见者"或"隐藏者"。他是微风之神，同时也是万物的统治者，赋予万物灵魂。他还有一个别名——"强者中的最强者"。"神庙之城"卡尔纳克（Karnak）被献给阿蒙，这是尼罗河国度最重要的祭祀场所，历代法老都对这座城市进行建设和扩建。法老会以阿蒙的名义出征，获得战利品，由此惊人的财富涌入阿蒙神庙，而巨大的权力，包括政治权力，则归他的祭司所有。后来，希腊人在这位神祇和宙斯之间画等号。在艺术作品中，阿蒙通常被表现为人的形象，有一个高高的羽冠作为头饰。在都城底比斯——今天的卢克索就有一部分处于这座城市的遗址之上——人们安排女神穆特（Mut，"母亲"）作为阿蒙的妻子。穆特和阿蒙结合之前，只是一个低微的神祇。月神孔苏（Chons，意为"漫游者"）被视为这两位神祇的孩子，在底比斯享有特别高的名望，通过不断获得新生的月亮来展示自己的青春。此外，孔苏还是预言之神，而且人们向这位救苦救难的神祈祷，求他帮自己战胜恶兽和疾病。在底比斯，阿蒙、穆特和孔苏被尊为三神组（"三联神"），因为埃及的神学家倾向于把多位神灵系统性地编排为夫妻和家庭。旧都孟菲斯也有这样一组三联神。在那里，卜塔神（Ptah，其名字含义不明）是人们信仰崇拜的中心，也被视作一位创世神。据刻在一块磨损严重的玄武岩板（保存在大英博物馆，编号498）上的一份重要宗教文书记载，卜塔通过思想和言语创造了世界，这种创世观让人想起《约翰福音》的开篇："太初有道，道与神同在，道就是神。"[1] 不过，卜塔首先是各种手艺者的保护神，因此他的大祭司拥有"手艺人的最高首领"这一头衔。各种雕像把这位神表现为肢体没分节的人的形象，戴着一顶紧贴着头顶的便帽。他身边站着他的妻子塞赫美特（Sachmet，意为"最强大者"）。她表现为长着狮子脑袋的女人形象，性格中包含狮子那种危险的天性。她用毁灭性的力量对付埃及的敌人，但也会把危险的疾病带给埃及人。要想成功治愈疾病，必须让女神心平气和。这对神祇夫妻的儿子是涅菲尔图姆（Nefertem，意为"无瑕的美男子"），他出现在莲花之中，是香气之神和王宫香水的主宰。但他身上也有一种危险的特质，那是从他母亲那里继承的。

同样是在孟菲斯，从远古时期开始，阿匹斯神（Apis）就为人们所尊崇，他受到崇拜的神圣形象是一头活着的公牛，在他让新法老登

---

[1] 本句引自《圣经》和合本《约翰福音》（1 : 1）。（如无特别说明，本书页下注均为译者注。）

上宝座时，这头公牛身上肯定会显现某些标志。他要保证整个国家肥沃多产。后来，他也被理解为神使或者卜塔的化身。

埃及最受尊敬、有着最复杂的神学意义的女神可能要数哈托尔（Hathor），她的名字意为"荷鲁斯的房子"。在远古时代，她被视为天空女神，正如她的名字表明的那样，她和荷鲁斯有关系，因此也和太阳有关。后来，人们把她等同于太阳神拉那喷射火焰、灼烧万物的眼睛。她成为"掌管惊恐的女神"，拥有毁灭性的力量。不过，她还是音乐女神、舞蹈女神和爱情女神；可以理解，希腊人为何想要把她认作阿佛洛狄忒（Aphrodite）。最后，除了这些特点之外，哈托尔还具有某些母性特征。在底比斯，她还被尊称为死神：死者希望追随她，这样就可以在死后的世界里得到保护和可靠的照料。哈托尔常常表现为母牛的形象，或者是一个长着牛耳和一只牛角的女人形象，头上有日轮作为饰物。崇拜她的中心地区是埃及中部的丹德拉（Dendera）。

人们给很多神都分配了动物，这些动物最

初和相应神祇的本质有关联。比如，胡狼和死神阿努比斯（Anubis，意为"小狗"）联系在一起，而代表上下埃及的双王冠女神涅赫贝特（Nechbet）及乌托（Uto）就和秃鹫与眼镜蛇联系在一起。很多神要么完全以动物形象出现，要么是长着动物脑袋的人的形象，但我们必须小心，不要以为埃及人确实把这些神祇想象为这副模样。毋宁说动物或者动物脑袋只是一个标志，便于让人们辨认出某个情景中说的是哪位神祇。

在埃及人的观念中，一位神祇可以与一个或多个其他神祇建立一种十分强大的联系，这种联系被人们称为"寓居"或者"合二为一"。在"寓居"的情况下，神祇的名字就会像化学公式中的元素一样排列在一起。所以，阿蒙和拉就可能建立联系，然后这种关联被称作阿蒙—拉（Amun-Re）。这种结合增强了两位神祇的力量，这种结合可能只是暂时性的，但也可能比较持久。阿蒙和生殖之神敏（Min）"寓居"，十分亲密，由此敏能够以阿蒙的形象出现。这种情况下，敏被描绘成一个人，阴茎勃起，右臂抬高，挥舞着一条鞭子。

阿门诺菲斯三世继位后延续了宗教方面的旧传统，但在他统治期间也出现了某些新的重点，或许是他个人的偏好。比如，表现为阿蒙—拉或者拉—哈拉克特（Re-Harachte）的全能太阳神成为崇拜的中心。这段时间里，一群祭司也开始从神学上考虑把"太阳神"这个概念从此前的传统宗教中分离出来。他们尝试构思一位独一无二的神祇，他超越一切，是全世界的神，这样一来多神论世界观第一次出现裂痕。仅是从新王朝开始每日神庙仪式中念诵的"阿蒙，……造就诸神的神"就已经昭示了这个新方向。然而，神学家还远不会排除或者忽视其他神祇。这个时代最重要的宗教学者之一是阿南，他是法老的妻舅、王储阿门诺菲斯的舅舅，作为阿蒙次席先知掌管着卡尔纳克神庙的所有财产，因此在这个国家举足轻重。1.42 米高的阿南立像（如今在都灵埃及博物馆，5484 号藏品）上的自述铭文写道：

储君、法老的行政官、下埃及法老

的掌玺官、准许接近主人之人，在王室得享厚爱，保有君恩，身为神之父，双手洁净，身为仪式祭司①，通晓苍天之性，拉神庙宇中最伟大的观照者（der Größte der Schauenden，大祭司的头衔），上埃及赫利奥波利斯（底比斯）的塞姆祭司（Sempriester，古老又重要的头衔，法老陵庙中的最高职位），让各种事务各行其序，以其声慰诸神，阿蒙次席先知，阿南，音正之人②（得享极乐）。

立像中的阿南身穿豹皮，这是塞姆祭司的法衣，不寻常的是，这张豹皮上有密密麻麻的星星图案，这自然不能仅仅被视作装饰，而是强调阿南作为天文学家的博学多才。如今可以

---

① 原文为 Vorlesepriester，意译为"朗诵祭司"，根据文献，指的是在葬礼等仪式上持仪式书、念诵祷词和咒文的祭司，中文通常译为"仪式祭司"或者"仪式书祭司"。

② 原文为 gerechtfertigt，对应的是埃及的特殊称谓 Maa-cheru，意为"声音公正""正人""声音真实"。早期曾是过世法老享有的称号，后为所有死者都会使用的称谓。

确定，讲述了太阳神度过夜里 12 小时的旅程的重要宗教作品《地狱之书》（*Buch von den Pforten des Jenseits*）是在阿门诺菲斯三世在位期间撰写的。或许阿南就是这本书的作者之一。少年阿门诺菲斯在宫中常常可以遇见阿南，很容易想象，正是这位作为祭司的学者对他产生了某种影响。在阿门诺菲斯三世在位第 31 年，阿南去世，被安葬在底比斯西侧的谢赫阿布代库尔纳（120 号墓）。他的母亲图雅希望在死后挨着这个聪慧的儿子。她的棺材上写着："图雅，音正之人……，及其子，阿蒙次席先知，完美神灵称赞之人，阿南，音正之人。"

国王下令建造了很多比真人大很多的穆特—塞赫美特（Mut-Sachmet）像，由此暗示自己特别偏重于传统信仰，因为他患病后想要讨好神祇，让他们对自己开恩，愿他们治好让他痛苦不堪的痼疾。于是他令人把几百个这样的大型塑像立在卡尔纳克，不过也有一部分立在底比斯西部，其中有些如今还立在那里。萨加拉（Sakkara）所谓的萨拉皮雍神庙（Serapeum）的盛大落成典礼也是阿门诺菲斯三世时期值得记录的大事。此后，孟菲斯的阿匹斯神牛会被定期隆重地安葬在这座神庙里。

第三章　年迈的法老

法老重新加冕的节庆被称为赫卜赛德节（Hebsed）或者赛德节（Sedfest），它的起源甚至可以追溯到古老的史前时代。这个节庆照例在法老统治三十年后举行，不过后来也可以不到三十年就重复举行。在赫卜赛德节，埃及所有神灵都会对法老献上美意，就和他登基那天一样，而统治者在现实和神秘领域的力量首先是通过一场祭祀得到证明并得以更新。因此，赫卜赛德节是对法老权力的证明，整个国家都会参与其中。

节庆的一个重要环节是统治者以"地上的太阳神"的身份立起杰德柱（Djed-Pfeiler）。

这根柱子外形像一根木桩，上面缠了很多芦苇束，它对应的象形文字是"杰德"（djed），意思是"持久"或"稳定"。杰德柱主要用在奥西里斯崇拜中，它象征奥西里斯战胜塞特，不过也包含太阳每日运转持久稳定的意义。法老立起杰德柱时要有人唱诵赞歌，其他人还要对法老献上颂德文。公牛和驴子"在为神圣的卜塔—索卡尔—奥西里斯（Ptah-Sokar-Osiris）立柱这一天要绕着墙走四周"。四这个数字象征了四个方向，而驴子被视作杀死奥西里斯的塞特的象征，塞特则应该受到侮辱。最后还要举办举着诸神旗帜的节庆游行和行舟活动，要表演舞蹈和朗诵。节庆持续数天。节日高潮是法老在一个名为赛德节祈祷室（Sedfest-Kapelle）的小阁中坐在一个方形宝座上，轮流把上下埃及的王冠戴到头上，由此重新完成加冕仪式。在这个仪式上，法老披着一件及膝的白色短袍，即赫卜赛德法衣（Hebsed-Gewand），双臂完全裹在袍子里面，又因为脖领开口很宽，双肩几乎露在外面。从袍子里伸出来的双手握着权杖和鞭子，这是权力的标志。穿上这件法衣后，法老等同于奥西里斯神，是重生和重振的化身，因为这场回春节庆应该赋予法老的统治一个新的起点。

赫卜赛德节的准备工作规模宏大，如国王的仪式需要的一些建筑要专门为这场活动而建。此外，还必须从远近各地调集大量食物甚至整个牲畜群，还需要运送啤酒和葡萄酒，这些酒水部分甚至是从叙利亚、巴勒斯坦和其他国家送来的。

阿门诺菲斯三世统治 30 年后举办自己的第一个统治周年庆典时，底比斯法老的王室领地总管兼法老文书涅菲赛赫鲁（Nefersecheru）被委任为庆祝活动的负责人。我们在他位于底比斯的墓中（107 号）看到了他的专属头衔——"第一届赛德节任务中两尊御座的主管"。庆典活动在位于底比斯西侧的摩尔迦塔（el-Molgata）的王宫中举办，在这里为法老建造了一个四方形的廊台，走上去恰好要三十级台阶。法老命人聚集到周年庆典的举办地，以便他们向他表达敬意。到场的不仅有作为法老代理人的两位维西尔（Wesir）和供职已久的库施总督梅利莫泽，还有许多重要官员，如哈普之子、年迈的阿门诺菲斯，以及上下埃及粮仓主管查姆马阿特——他可以值此节庆向法老报告全国年度收成十分光彩的结算情况。所有人都对自己能够参加这场法老的庆典并在这里扮演一个角色大为自豪，于是全在自己的墓志铭中提到了这些。

大王妻泰伊的宫廷总管谢里乌夫（Cheriuf）位于底比斯西侧的阿萨西夫（Assasif）的墓（192 号）中的铭文记叙了活动的氛围。他描述了阿门诺菲斯三世和天空女神哈托尔以及王后泰伊一起端坐在一个小亭子内。披着赫卜赛德法衣的法老赏赐大臣赠礼。很遗憾，他的墓志铭有缺失：

> ……在第一届赛德节上。陛下出现在欢庆宫（das Haus des Jubels）那里，高大的宫门旁。诸官员、宫廷人等、侍从官、门卫得以朝见，随后还有陛下的相识、船只管理员、宫殿主管和陛下的学士们。人们被赐予"荣誉金"（Ehrengold）和用压成片的金子制作的鸟和鱼的雕像。接着，

大家得到衣物和绿色的亚麻带子，众人听令，各自按照级别列队。大家享用王室早餐——面包，以及啤酒、肉和禽类。饭后，他们按照命令前往陛下的湖畔，来给陛下划船。他们抓住白日小舟的拖绳和夜晚小舟前面的缆绳（对应太阳神的两艘小船），就这样，他们把小舟拉向宫殿。他们在宝座的台阶前站住。是陛下让他们完成这件事，严格按照古时文献样本，因为从先祖的时代以来，人们就没再正确地庆祝过赛德节，而是把这件事托付给查姆马阿特（Chaemmaat，对出席节庆的国王的称呼），即阿蒙之子……将被赋予和拉一样的永恒的生命。

法老为了赛德节离开王宫："法老离开宫殿露面，离开他的宫殿（欢庆宫）。"神的旗帜伴随着法老："参加赛德节的神灵和陪伴着法老的那些神灵。"法老夫妇和谢里乌夫与两位维西尔一同登上大臣们顺着尼罗河拉过来的小舟。随后这篇墓志铭继续讲道：

……力量的主人和阿蒙的儿子在他于底比斯西侧修建的赛德节庆宫中登上宝座。法老陛下动身前往伟大的尼罗河，为的是用船把赛德节庆上的诸神送走……用白日和夜晚小舟……随后，各位公主被引到陛下面前，她们手持金水罐和银合金制的水壶，以便完成在赛德节上要做的事。人们把她们带到王座脚下，让她们面对着廊台，站在陛下面前。随后她们说："你那金制的水罐和你那银合金制的水壶洁净。荷鲁斯神的女儿，她会给你凉爽的水，君主啊，你长生不死，顺遂康宁，得享永存……"

刚刚被加封为太子的阿门诺菲斯当时十五六岁，他肯定紧挨着法老夫妇就座，或许就在他父王身边。这样他就可以体验一下自己有朝一日将会拥有的权力和荣耀。

一些较早的著述认为，阿门诺菲斯四世曾作为共同执政者和自己日益年迈的父亲一同统治国家数年——最多12年。这种共同执政的情况自中王国时代（公元前 2020~ 前 1793 年）在埃及出现过好多次。在这种情况下，年迈的国王会和一位较年轻的搭档——通常是自己的儿子和继承人——共同执政。比如塞洛斯特利斯一世（Sesostris I）就曾与自己的父亲阿蒙涅姆赫特一世（Amenemhat I）共治十年。不过，埃及人很少给这种二王共治的时期注上两位法老的年号，所以我们常常得不到两位法老共同统治的线索和依据。

之所以特别提出阿门诺菲斯四世和阿门诺菲斯三世是否共同执政这个问题，是因为阿马尔纳［Tell el-Amarna，即阿赫塔吞（Achetaton），阿门诺菲斯四世／埃赫那吞后来的都城］的考古发掘人员发现了一些带有阿门诺菲斯三世姓名的物件。因此，英国考古学家约翰·戴维特·斯特灵菲洛·潘德伯里（John Devitt Stringfellow Pendlebury，1904~1941）得出结论——两位法老曾共同执政，而且计算出他们共治的时间为 11 年。潘德伯里英年早逝后，赫尔伯特·沃尔特·费尔曼（Herbert Walter Fairman，1907~1982）汇集了所有证据（*City of Akhenaten* III，152ff.），这些证据应该可以证明两位法老共同执政的假说。然而，不仅这些见解被沃尔夫冈·海尔克（Wolfgang Helck，1914~1993）和埃里克·霍尔农（Erik Hornung），以及近来马克·加博尔德（Marc Gabolde）的结论（*Akhenaten*，62-98）逐一驳倒，而且人们还发现了驳斥二王共治的重要依据。阿兰·H.加第那爵士（Sir Alan H. Gardiner，1879~1963）1961年就在他那部埃及史中写道："得到诸多讨论的二王共治肯定只是一种假说。"比如，高官谢里乌夫的墓就提供了证据，证明阿门诺菲斯四世统治的最初几年与他父亲统治的最后几年相承接而非并行。提到阿门诺菲斯三世执政第36年，而在同一墓中的另一处画像中，阿门诺菲斯四世和他的母亲泰伊一同出现在各位神祇面前。如果阿门诺菲斯四世此时真与其父共同统治，我们大概能看到他的画像出现在更显著的地方，在他父亲的近旁。另外，来自阿门诺菲斯三世执政第37年的一坛贡酒上面的铭文也没提到共同统治的君主。最后，僧侣撰写的阿马尔纳文书（Amarnabrief

EA 27）中有一份用墨水写的笔记，上面提到阿门诺菲斯四世统治的第 2 年，但没有提到共同统治者。所以我们不能再继续认为两位法老曾共同统治。

阿门诺菲斯三世最后的岁月大半在摩尔迦塔官中度过。在他在位第 34 年和第 37 年，他还各举办过一次赛德节，然而，久病之后，阿门诺菲斯三世在其统治的第 38 年（公元前 1351 年）驾崩，当时他饱受牙痛之苦。他被葬在帝王谷（Tal der Könige）的一条支谷（22 号），即所谓的"西谷"中。葬礼及程序礼仪都是由他的儿子、继任者阿门诺菲斯四世负责和操办的。

第四章　阿门诺菲斯四世和纳芙蒂蒂：

在卡尔纳克享有巨大王权

阿门诺菲斯四世的具体生年未知，也没有关于他童年和少年时期的具体资料，所以我们不知道他是否和其他王储一样在孟菲斯接受过军事教育。唯一带有他名字且可以确定出自他即位之前的时期的证据是一个章印，上面写着"真王子阿门诺菲斯领地"（Domäne des wirklichen Königssohns Amenophis）。

阿门诺菲斯四世即位时估计有二十二三岁。一切迹象表明，他即位前就已经与纳芙蒂蒂（Nofretete）成婚，因为在即位的第一年里他的长女就已经出生。

纳芙蒂蒂这个名字是个常见的埃及名字，新王国时期很多女性叫这个名字，这是有案可稽的。它的意思是"美丽的女人来了"，或者确切地讲是"美丽的女人回家来了"。这是个具有神话内涵的名称，可能暗指的是古老的女神哈托尔。在很长一段时间里，这个名字的发音让人倍感困难，因为象形文字的元音读法缺失，恰好使专有名称难以注音。为此，人们往往退而采用希腊名称（比如阿门诺菲斯），如果没有对应的希腊名称，就在辅音之间加一个字母 e，或者把一些弱辅音转变成元音。1960 年，格尔哈特·费希特（Gerhard Fecht）发现了一些专有名称的带元音的正确读法，其中包括埃赫那吞的带元音读法"阿汉亚提"[Achanjati（n）]，纳芙蒂蒂则是"纳芙特塔"（Nafteta），阿吞神要读成"亚提"[Jati（n）]。虽然我们如今已经确定新王国时期的埃及语言里没有 o 这个音，但我们在本书中还是沿用通常的叫法。

纳芙蒂蒂在艾赫米姆长大，成长在阿亚的家里，而阿亚显然是她的父亲。同时，有迹象表明，阿亚是泰伊王后的另一个兄弟。柏林的埃及博物馆收藏有一个出自图那－埃尔－格博尔（Tuna el-Gebel）的木制小盒（编号17555），它属于"王家国务秘书、军队指挥官及战车部队司令，神之父阿亚"，匣子上另一处铭文中，阿亚的妻子提伊（Tjj）旁边写着"大王妻泰伊"。正是在这样一件如此私人的物品上提及家人的做法暗示了家人的紧密团结。此外，西里尔·阿尔德莱德（Cyril Aldred）指出了一件被认为属于阿亚的石膏面具（柏林埃及博物馆，编号21350）与其父尤亚保存十分完好的木乃伊面孔之间引人注目的相似之处（*Echnaton*，99）。最后，纳芙蒂蒂的一个名叫穆特诺杰美特［Mutnedjemet，也读作穆特贝娜莱特（Mutbeneret）］的妹妹多次出现在阿马尔纳诸墓的壁画上，铭文中明确地称她为王后的"姐妹"（senet）。

根据记载，阿亚的妻子提伊是纳芙蒂蒂的保姆，因此不可能是她的母亲。这样一来，所有证据都说明纳芙蒂蒂是阿亚前一段婚姻中和一位至今尚未为人所知的妻子所生。作为法老的岳父，阿亚获得了之前的尤亚获得的称号——"神之父"。无疑，有了大量详尽的家庭关系信息，我们可以得出结论：纳芙蒂蒂不可能像个别人猜测的那样来自外国。

阿门诺菲斯四世可能在底比斯举行了登基仪式，他也在那里度过了执政的最初几年。他为自己选定的称号很有意思，自古以来每位法老都有五个不同的名字，除了出生名之外，其余名字都是法老在统治期开始时一一取定的，透露着法老接下来的统治方针，具有执政声明的意义。阿门诺菲斯四世为自己选定的名字和其父类似，并未昭示那些即将来临的事件。于是我们可以猜测，阿门诺菲斯三世和阿门诺菲斯四世的权力交接中规中矩。

法老的称号遵循历史上形成的范例，由五个部分组成，最开始是荷鲁斯名（Horus-Name），有了它，法老就成了荷鲁斯神在人间的代表。阿门诺菲斯四世的荷鲁斯名是"强壮的公牛，有两根高高的羽毛"。这个名字的前一部分提到了公牛这种王族动物，这遵循了起名习惯，因为新王朝的每位法老都称自己为"强壮的公牛"；后一部分提到的那两根羽毛指的是神话中在幽暗中引领太阳神的羽毛。法老称号的第二部分是涅布提名（nebti-Name）。"涅布提"即"两位女主人"，指的是上下埃及的双王冠女神涅赫伯特和乌托，她们要守护法老和法老的名字。阿门诺菲斯四世的涅布提名是"在卡尔纳克享有巨大王权"。法老或许借此昭示自己对卡尔纳克神庙的大规模修建计划。第三部分是金名（Goldname）。这个名称的具体意义不明确，或许法老让自己等同于太阳白天的形象，烈焰炽热，穿过长空。阿门诺菲斯四世的金名是"在底比斯（卡尔纳克）高举王冠之人"。第四部分是"涅苏特－比提"（nesut-biti），即上下埃及法老名，它写在王名圈里，即王名字周围的椭圆形框（Kartusche）内。法老称自己为"形态完美，一位拉神，拉神的唯一"。第五部分是出生名或者"扎－拉"名（za-Ra），即"拉之子"名，它也被写在一个王名圈中。除了自己的出生名阿门诺菲斯之外，阿门诺菲斯四世还选定了"底比斯神主"这一名字作为补充。总而言之，阿门诺菲斯四世的称号并不显得离经叛道，在个人特征方面也没有脱离常态。日后的宗教大改革期间，他不仅更改了自己的称号，还特别更改了自己的出生名，这是一个独一无二的事件，史无前例。

最初，年轻的法老延续旧风，并未着手重组朝廷班子，他从先父手中接管的官员职位均未变。不过尽管法老名叫"阿门诺菲斯"，也就是"阿蒙是仁慈的"，大家很早就已经感觉到，他本人恰好与阿蒙疏远了。比如，阿门诺菲斯四世即位后第一年诞下的女儿取名为"梅丽塔吞"（Meritaton），即"阿吞神的宠儿"，为酝酿中的宗教事件吹响前奏。

阿门诺菲斯四世在卡尔纳克主持的第一个建筑工程也不是献给众神之王阿蒙的，而是为白天的太阳形象——拉—哈拉克特—阿吞神（Re-Harachte-Aton）准备的。慕尼黑国立埃及艺术博物馆保存有一块来自卡尔纳克的砂岩浮雕（ÄS 5338），上面刻画的场景是：法老伸展四肢匍匐在一个通向祭坛的斜面上，正在拜神，只有脑袋对着上方的神祇。他四周围着一些狒狒，它们的前爪向上伸着，摆出崇拜的姿势，这种动物被视作晨间太阳的崇敬者，是一种神圣的动物。这块浮雕仿佛是对《亡灵书》（Totenbuch）中一段内容（第100言）的图像化的演绎：

我歌唱，向太阳祈祷，

我将自己交付给太阳狒狒，

并且是它们中的一员。

第五章　找到了阿吞——创造一位神祇

创造阿吞神是阿门诺菲斯四世独一无二的作品，让我们在世界史上第一次见证一位神祇的诞生。阿门诺菲斯四世虚构的新神并不像我们惯常所称的那样，仅仅叫作"阿吞"，而是拥有一个很教条的长名字，过去没有哪个埃及神祇有过这种名字，之后也不会有。这个名字——"以光之名在地平线上欢跃的拉—哈拉克特万岁，光即阿吞"——被写在两个椭圆形框（王名圈）里。"阿吞"这个词从中王国时期起就存在于埃及世界，在公元前 2000 年前后表示的是作为天体的太阳，确切讲指的是日轮。到新王国时期，除此之外人们还用这个词来标志太阳神的宝座或者地方——"在其圆盘中者"。最后，如果我们把这个词引申使用，它也可以用在太阳神身上。这样一来，阿吞在图特摩斯四世和阿门诺菲斯三世时代就成了太阳神的一个常用名字，但它指的并不是阿门诺菲斯四世引入万神庙的那个神的形象。

阿门诺菲斯四世的神和太阳神的传统性质不同：新神纯粹通过光来现身，也只在光里现身。阿吞是光，是太阳光，遍洒世界，到处播撒生命的种子。阿吞是世界的统治者、所有神祇的王，他不需要女神作为伴侣，也没有敌人。夜夜对万物世界产生威胁的神之敌人阿波菲斯被消灭。旧神通常和统治者联系在一起，将自己的意愿告知统治者，而阿吞则是默不作声的，只通过阿门诺菲斯四世来发声，法老是他的代言人和先知。弗雷德里希·尼采（Friedrich Nietzsche，1844~1900）笔下的古代波斯一神教宗教创始人查拉图斯特拉（Zarathustra，约公元前 628~ 前 551 年）叫道："啊，我头顶上的天，无滓的深邃的天啊！光之深谷啊！当我望着你时，我因神圣的希望而战栗……你不发言！这样，你向我宣示你的智慧。"这些话简直就像是从阿门诺菲斯四世口中说出来的。

在执政的第3年和第4年，阿门诺菲斯四世在卡尔纳克的阿蒙大神庙东边为自己的神建造了一座神庙，为它起名"格姆帕阿吞"（Gempaaton），即"找到了阿吞"，这座神庙旨在成为一座大型建筑——佩尔阿吞（Per-Aton），即"阿吞的房子"——的一部分。这座巨大的神庙建筑围墙内的面积比此前在埃及建造的宗教建筑都大，由此让阿蒙神最重要的神庙在大小上就已经黯然失色。不过，新神庙的建筑方式也是颇为新颖的。传统神庙里，人们从露天庭院走进前厅时太阳光越来越少。离圣所越近，就越昏暗；放着祭礼用的神祇像的祭坛被笼罩在幽深的昏暗中。相反，阿吞神庙的建筑理念是不一样的，这里没有不亮堂甚或幽暗的房间，因为阿吞作为播撒生命的光，从哪里都可以进入自己的圣殿，应该是无处不在的。太阳光存在于圣地，供人膜拜，仅仅出于这个原因，阿吞自己的神像就是多余的。在这里，神学意识中出现了一个根本性的转变。其推动力来自阿门诺菲斯四世。祭司的首要任务不再被委派给他人，而是由法老亲自接管。底比斯祭司群体的最高代表、阿蒙神大祭司迈依（Mai）有可能反对这次变革，他被法老毫不犹豫地发配到哈玛特河谷（Wadi Hammamat）去管理一个采石队，他的墓志铭也在那里保存下来。

　　"格姆帕阿吞"的装饰布置中骤然出现了新的艺术风格，很显然已与前几个时期的艺术流派极为彻底且坚定地决裂，甚至不能说这仅仅是造型主题的缘故。新的艺术形象首先运用于君主像，后来普及到整个塑像世界。阿吞神庙的雕像和浮雕展现了一种极端的风格，肆无忌惮地表现夸张和扭曲的格调。神庙昔日的立柱大厅中发现的法老砂岩巨像用一种堪称古怪的方式描绘了君主的形象：过于狭长的脸上有种怪异之美，长着标志性的斜眼睛、长鼻子和厚大突出的嘴唇；脑袋安在瘦长的脖子上，腹部凸起，大腿粗壮；胸前交叉的双臂和小腿又长又细；双手握着象征王权的权杖和鞭子。从其中一尊巨像上甚至分辨不出法老的性别。阿门诺菲斯四世有意识地使这些挑衅性的描绘和过去那些永远把法老表现得强大有力、青春健美的塑像形成鲜明对照。这无疑是宗教宣传的一部分。阿门诺菲斯四世通过这些塑像的表现力表明自己的神性，这神性让他不同于所有人。他把自己表现为生命的创造者，和太阳神一样同时是自己臣民的父亲和母亲。他就是他们的生命之神；他那阿吞的教义即绝对的生命教义。

过去也有人试着对君主像尤其是法老的巨

图 1　法老的赤裸巨像，没有刻画性器官，出土于卡尔纳克，砂岩，400厘米高，开罗博物馆藏

像给出一个医学上的解释，把这些形象和疾病与畸形联系在一起。但这种讨论选错了方向：阿门诺菲斯四世既不是小孩也没有卧病不起。他具有敏锐的理智，精细、坚定又无情地行使自己的权力。他着了魔似的以为自己认识到了神，以为自己是为神实现救世的王。他身处一个新时代到来之际，宣告一种真实的信仰来临，很可能已经让臣民理解自己的使命，接受阿吞神。于是，我们看到其他肖像也这样过分，简直骇人听闻。这些肖像中，法老和他的家人都有着拉长的躯干、丰腴的大腿、细细的胳膊、狭长的脸和非常突出的后脑。这未必反映事实，而是在体现新的宗教观念，同时也是法老有针对性地对历代先王的宗教的清算。这些肖像只能从这个角度来观察。

执政之始，阿门诺菲斯四世还允许大多数神祇留在自己那位超越一切的阿吞神旁边。修建于法老在位最初几年的膳务总管帕伦涅法（Parennefer）墓（188号）中的一处铭文显示，相对于其他神祇，阿吞神明显更受青睐。法老吩咐说："照看献给阿吞神的神牲！"于是膳务总管帕伦涅法回答他的主人说："拉神知道那受命后照看阿吞神神牲的人！受命后不照看神牲的人，拉神会把他送到你的手里！因为献给各位神祇的馈赠要各按标准，献给阿吞神的则多得过分！"

然而，阿门诺菲斯四世从一开始就把地府统治者奥西里斯从众神中除名，亲自取代了他。过去的死者必须面对的死亡审判被取消，因为从现在开始是法老来断定谁在阴间是"音正之人"（Gerechtfertiger）[①]。膳务总管帕伦涅法墓中的另一处铭文记载，墓主人对法老说："愿你允许我占有音正之人的位置，好注视天堂东方光之国度的阿吞。"

---

① 或译作"义人"。

第六章 三神组

鹰头的拉—哈拉克特—阿吞很快就被一幅新的神像取代。阿吞现在以一个新形象示人，他展现为日轮，下面的边缘上有一条竖起身子的埃及眼镜蛇，以及安卡符号（Anch-Zeichen），即生命之符；此形象从此以后不再改变。日轮光芒四射，光芒末端是一只只人手，这些人手使神和人间联系在一起。阿吞从不被单独描绘出来，一直和国王、王后或神庙一同出现，特别是阿门诺菲斯四世和纳芙蒂蒂几乎总会从神那里得到一个安卡符（"生命"）或万斯神杖（Was-Zepter，"成功/权力"），或者把安卡符拿在胸前。

图 2　阿门诺菲斯四世／埃赫那吞头戴上埃及王冠，处于阿吞的
光芒下，图坦卡吞王子的"日影"祈祷室的一幅石灰岩浮雕的碎
片，高 19.2 厘米，宽 26 厘米，私人收藏

　　卡尔纳克神庙中有些图像刻画的场景是阿
门诺菲斯四世在王后纳芙蒂蒂的陪伴下穿着赫
卜赛德法衣站在光亮的太阳下。在这一场景中，
阿吞递到法老面前的不是安卡符，而是一间赫
卜赛德祈祷室。这一场景描绘的是一次赛德节
庆，早在阿门诺菲斯四世在位第 3 年就已经举
办，这很不寻常。有一个记录"陛下第一届赛
德节"的证据，但遗憾的是，这里缺少官员的
详尽报告，而阿门诺菲斯三世时代流传下来的
这类报告却还能那么生动地记叙赛德节庆。这
次赛德节庆上，其他神祇不再出场，所有可能

会指向奥西里斯神的情形和痕迹都消失不见。这次庆典似乎也不只是关于法老一个人的节日，它首先是为阿吞神举办的一个节庆，阿吞神就像法老一样，庆祝自己的统治纪念日，因为王权的模式被照搬到宗教崇拜的领域。阿吞既然已经和王权联系到一起，自然也就获得了"出席赛德节者"和"赛德节之主"的别名。埃里克·霍尔农和伊丽莎白·施特赫林（Elisabeth Staehelin）得出结论：这种新形式的一神节可能是用来代替现在已经不再举办的众神节的。

现在，大王妻纳芙蒂蒂也在宗教生活中被赋予越来越重要的意义。阿门诺菲斯四世令人在卡尔纳克修建的诸多神庙中名为"胡特－本本"（Hut-Benben）的圣殿完全是献给纳芙蒂蒂的，里面没有阿门诺菲斯四世的位置。王后是大祭司，主持所有祭礼工作，操办为阿吞献牲的活动。这些事情往往在她的长女梅丽塔吞陪伴下完成。在一些画面上，大概出生于阿门诺菲斯四世在位第3年的公主玛可塔吞（Maketaton，意为"阿吞是我的庇护"）也参与其中。头戴女神冠冕的纳芙蒂蒂执行象征性

"镇压敌人"的仪式，并且向神祇"献玛阿特"。她也得到了一个被写在王名圈里的新名字——纳芙纳芙鲁阿吞（Neferneferuaton），意为"阿吞是最完美者"。这样一来，她就和法老一样，有一个加双重王名圈的名字，和阿门诺菲斯四世几乎处于同等地位，一直伴随在他身边。她是阿吞宗教中的女神元素和法老的女性对应者。如果说阿吞作为两性同体的创造神是"一"，此一"分而为多"，那么阿门诺菲斯四世和纳芙蒂蒂就是阿吞性别不同的后裔。他们和阿吞一同组成一个三神组（三联神）。类似的是，在原先的神话里，创世神阿图姆—拉（Atum-Re）创造了第一对神祇夫妇，天和地之间的空气之神舒（Schu）与湿气女神泰富努特（Tefnut）。哥本哈根嘉士伯艺术博物馆收藏有一个蓝色釉陶做的小球（AE. I. 编号 1791），上面描绘着各自坐在一叶小舟里的法老和王后，他们举着双臂致意，头部上方附着自己的王名圈；两叶小舟的船头处画着阿吞的日轮，正对着两个人物。这是对这组神的神学图解。

　　阿吞神庙新创造的艺术形式很快就对官员

墓藏的装饰产生了支配性影响。维西尔拉莫泽（Ramose）位于底比斯西侧的墓藏（55号）就明显如此。他这座大墓的前一部分还完全是遵循阿门诺菲斯三世时代的风格装饰的，后一部分则突然转变：人们可以看到用新绘画风格描绘的阿门诺菲斯四世和纳芙蒂蒂站在卡尔纳克阿吞神庙的一扇窗边，在他们头上，日轮形态的阿吞用一只只手送出自己的光线，把生命之符递到法老夫妇面前；法老和王后周围的朝臣中也有拉莫泽，他皈依了新的宗教。旁边写着：

> 你升上高空，涅夫彻佩鲁拉，拉神的唯一，你就像你的父亲，生气勃勃的阿吞，愿他使你永世为王，赐予你快乐之王的永福。

后世的埃及法老将阿吞神庙拆除，把石块拿去用于修建其他建筑。如今这些石块在阿拉伯语中叫作"塔拉塔特"（Talatat），意思是"三个"，指的是石块的大小。所有石块都大约一拃高、两拃宽。它们大多被用在卡尔纳克阿蒙神庙的第 9 座和第 10 座双塔门上，不过后来也在卢克索和其他地方重见天日。这些经过装饰的石块大约有 50000 块，是一批具有不可估量的历史及艺术价值的出土文物。1976 年建立的卢克索博物馆展出了来自昔日神庙的 375 个带有绘画的"塔拉塔特"砂岩块，这些石块被按照原本的顺序码放在长长的两面墙上，呈现了新艺术风格，令人过目不忘。一面墙上描绘的是法老在阿吞的艳阳下，他周围是在新神庙仓库中各尽其事的人。第二面墙上描绘的是赛德节的情景，这是法老统治的第三年，阿门诺菲斯四世与王后和一群卑躬屈膝的朝臣一同庆祝的节日。

第七章 "我将这一职责交付于你"

宗教变革引发了法老与阿蒙神祭司团体之间的冲突，这场冲突涉及的不止宗教领域。卡尔纳克的阿蒙大神庙拥有各种作坊的雇工，还有商船、大片田产、众多牲畜，甚至还有自己的矿产，经济权力极大，举足轻重，全国最重要、最有影响力的家族都和它息息相关，他们在这个神庙里供职、获取收入。法老和昔日宗教的决裂触及阿蒙崇拜的经济事务时，这种宗教崇拜导致了法老和权臣、高官的分歧。在执政第 4 年，对法老的批评甚嚣尘上。阿门诺菲斯四世迅速采取了毫不留情的措施，马上更换了一批重要官员。他委任了一批新官员，因为他认定这批官员可以和自己一同将埃及精神领域的改革推行得更好、更有成效。

这些新官员出身平民阶层或者来自外国。只有少数先父统治时期的显要留任，如阿门诺菲斯四世的忠实拥戴者谢里乌夫，大王妻泰伊的宫廷主管，也被称作塞纳阿（Sena-aa）或者纳阿伊（Naai），后来人们清除异教王的痕迹时也打算毁坏他的陵墓。"法老所有手工业活计的主管"和"阿吞神庙所有建筑工程总管"两个职位，则被阿门诺菲斯四世分配给我们已经认识的那位膳食总管帕伦涅法。来自亚细亚的维西尔阿佩尔埃尔（Aper-el）早在阿门诺菲斯三世在位时就被授予这个职位，现在得到"阿吞第一臣仆"这一头衔。由于他位于萨卡拉的陵墓得以发掘，我们可以相信他身居下埃及维西尔一职，在孟菲斯卫戍地及行政中心任职。

相反，上埃及维西尔拉莫泽要么丢了官，要么已经去世，因为接任的是一个叫纳赫特帕阿吞（Nachtpaaton，"阿吞是强大的"）的人，此人在宗教变革前还名叫纳赫特敏（Nachtmin，"敏神是强大的"）呢。一些官员似乎通过改名字很快就迎合了新政权；这些人明确地表示自己转向信奉阿吞新神。比如一位将军兼"征兵令撰写人"过去叫卜塔莫斯（Ptahmes，意为"卜塔诞生了"），现在改名为拉莫斯（Rames，意为"拉诞生了"）。大臣梅里奈特（Merineith，意为"奈特女神心爱之人"）得以升职，在当上孟菲斯阿吞神庙的土地总管和仪式祭司时，把自己的名字改为了梅里拉（Merire，意为"拉心爱之人"），却在埃赫那吞去世后用回了过去的名字。

然而，也有一些官员不是出于投机而是确实信赖法老，所以忠诚地跟他站在一边，这样做可能往往也是因为法老亲自任用了他们。拉莫泽宰相的一个侄子伊皮（Ipi）获准以"孟菲斯高级行政官"的身份延续自己的仕途。他位于底比斯西侧的墓葬（136号）中的装饰画表明，他早先就已经是阿门诺菲斯四世的追随者。阿门诺菲斯四世在位第5年时，伊皮给他写了一封信，信中把他称作"统治阿吞周围一切的君王",同时告诉他所有神庙和宫殿状况良好。他又加上一句:"要献给逗留在孟菲斯土地上的一切神灵的供物都已完好无损地献出,丝毫未被扣留。"通过这封信,我们可以推断,底比斯的改革此时还没有席卷全国。后来,伊皮在新都城阿赫塔吞(Achtaton,位于阿马尔纳地区)担任"宫殿总管",由此成为法老的亲信。

出身无名家族的梅里拉可能是通过军功晋升为"阿吞大祭司"的。这是阿门诺菲斯四世时代可以授予他人的最高祭司职位。后来,位于新都城阿赫塔吞的梅里拉的墓中出土的铭文记载了他得到委任的原因。

法老说:"看啊,我派你去为我当阿赫塔吞的阿吞神庙中'最伟大的观照者'。

我这样做,是出于对你的爱,对你有下述话要说:

我可敬的仆人,你确实听从真言教诲!我对你完成的每项任务满意。我将这一职责交付于你,并嘱咐你:你应在阿吞神庙中食尔主法老的膳食！"

梅里拉应道："哦，你真是体察一众需求、令阿吞心满意足的富足之人！"

梅里拉的副手名叫潘图（Pentu），此前一直默默无名，现在作为"主治医生"和"王室侍医"负责健康事务。还有一位平步青云的官员图图（Tutu），他不仅是"侍从官"，而且还是"王家高级建筑师"和"全国最高喉舌"，类似于今天的政府发言人。图图的感激之情体现在一首献给法老的歌谣中。

你就是拉，你是活生生的阿吞的写照！

你将度过他那高贵的一生！

他行走于天空中，为的是塑造你，我的主人。

你如父亲一般明智，

通晓是非，贤明智慧，体察民心。

你的双手就是阿吞的光束，

你培养众人，陶冶人的性情。

主人啊，愿阿吞赐予你许多赛德节，

那都是他为你指定的，毕竟你是他的

孩子。

你由他而生，拉神的唯一，

永远是拉神的化身，你举起拉神，

让阿吞满意，

阿吞让大地知道是谁创造了自己。

你让他的名字对百姓来说充满荣光，

把他的光芒创造的万物交付于他们。

自你出现的那天起，他就为你而欢庆，

整个大地因你而震颤。

叙利亚、库施还有天下万国，

它们对你伸臂乞怜，为你的卡（Ka，

生命力）唱诵赞歌。

它们恭顺祈求道：

"让我们得以喘息吧！"

因为对你的畏惧堵住了它们的鼻子！

它们知道如何解脱，

看啊，你强力非凡，深入天下万国，

你战斗时的怒吼毁灭它们的躯体，就

如火焰烧毁木头。

愿阿吞的光芒永远在你头上升起，

只要苍天仍在，你的丰碑就会矗立；

你在这些丰碑中永存永现，

因为只要阿吞在，你就在，

永远鲜活年轻。

　　阿门诺菲斯四世在新都城阿赫塔吞也有一批自己的祭司。其中有图图，他担任"上下埃及君王的首席先知"（Erster Prophet des Herrn der Beiden Länder）一职；他身边的"次席先知"（Zweiter Prophet）名叫帕涅何西（Panehesi），和其他显贵一样，他的墓志铭强调，他曾经贫寒，直到法老垂青："他让我富有，因为我贫穷。"此外，帕涅何西还拥有"阿吞公牛主管"（Vorstehers der Rinder des Aton）的称号，也就是说，在神庙的经济事务领域担任最高长官。同样身为新贵的是"将军"和"王右侧持拂尘者"（Wedelträger zur Rechten）马雅（Maja），此人也拥有"征兵令撰写人"的称号。马雅讲述了为何法老选中他。

我是那个让他复生的仆人，

我对上下埃及的君主诚实，

对他的主人，那将"真实"（玛阿特）

注入他的身躯者，

那厌恶谎言者，

我则是有用的。

我知道，正因如此，

阿吞之子，拉神的唯一——涅夫彻佩

鲁拉感到满意，

因为他对我大为宠爱，恩宠多如沙粒。

我是群臣之首，

位在万人之上。

　　在努比亚担任军队总司令的是图特摩斯，即库施总督兼"南方诸异国主管"（Vorsteher der südlichen Fremdländer），而行政长官则是法老的岳父阿亚。他是法老最信赖的亲信，拥有最高军事头衔——"战车队指挥官"。

　　除这几个人外，还有二十四五人也被法老委以重任，但受限于流传下来的残缺记载，他们一直形象模糊。只有警卫长官马胡（Mahu）墓（阿马尔纳，9 号墓）中的图像使我们了解到他的职责范围。

第八章　阿吞找到他的城

在位第 4 年或第 5 年，阿门诺菲斯四世
很可能已经觉察到必须为自己的神阿吞选择一
处新的基地；都城底比斯和旧神特别是阿蒙神
联系太紧密。但即使在埃及的其他地方，过去
的千百年间，神祇已经在各处流传甚广，全国
人民的心灵都被他们牢牢占据，对这些神祇的
圣地心生向往。只有迁移宗教中心，建立一座
阿吞的新城才有可能给予旧神的精神和存在致
命一击。只有这样，阿门诺菲斯四世才能更接
近自己的目标，把自己的臣民变成阿吞虔敬的
信徒。

因此，可以符合修建阿吞圣城要求的地点

必定不可能是充斥着旧神崇拜的地方。阿门诺菲斯四世找到了一个地方，那就是阿马尔纳地区那片孤寂的荒地，它被半环绕在群山之间，大约处于开罗和卢克索中间。法老打算在这里建造新城，这座新城将被命名为阿赫塔吞，意思是"阿吞的地平线"。南边的两座石碑和北边的一座描述圣地的石碑用来界定新都城的范围。国王在这几座石碑上讲述了阿赫塔吞城应被如何规划，要建造哪些神庙和宫殿。新的王陵也应坐落于阿赫塔吞东边的群山中，太阳就是从那后面升起的。这样一来，阿蒙神的旧中心再次被降格，因为自图特摩斯一世（公元前1504~前1591年）以来，第18王朝的所有法老都被安葬在底比斯西边帝王谷古老的王国墓地中。

阿马尔纳的三座石碑上记载的时间是阿门诺菲斯统治第5年，佩瑞特季（Peret-Jahreszeit，播种之时，即冬季）第4个月第13天（埃及的一年包括三季，每一季有4个月，每月30天，另有5个闰日）。遗憾的是，流传下来的碑文残缺不全，在提到了阿吞、法老和王后名字的引子后是一篇详尽的长文：

　　我为我的父亲阿吞在此地建造阿赫塔
吞，我不愿把他的阿赫塔吞建在此地的南
边、北边、西边或者东边！我不会越过阿
赫塔吞南侧的石碑到更南的地方，我不会
越过阿赫塔吞北侧的石碑到更北的地方，
好把阿赫塔吞建在那些地方。我也不会给
阿吞把城建在阿赫塔吞的西侧，而要把阿
赫塔吞建在阿赫塔吞的太阳升起的那一侧，
就在他为自己准备好的地方，此地有一道

图 3　阿赫塔吞界碑 U，该岩画及其铭文被修为一
处圣所，高处于帝王谷附近的东山之上

山脉为了他而环绕。他对这个地方满意，我在这座城中为他献祭。这就是此城！

王后不应对我说："看，别处还有一个更好的地方。"——还要我听从她！

无论我的某个宠臣，或者某个宫人，或者全国上下随便某个人都不应对我说："看，别处还有个更好的地方来建阿赫塔吞"——还要我听从他们！

无论那个地方是在北方还是在南方，抑或在太阳升起的地方，我永不会说：我要放弃阿赫塔吞，因为我要下令把阿赫塔吞建到这另外一个更好的地方！我为我的父亲阿吞建造大神庙，就在此地阿赫塔吞！我还要为我的父亲阿吞建造小神庙，就在此地阿赫塔吞！我为大王妻建造崇拜我父阿吞的祈祷室"日影"，就在此地阿赫塔吞！我为我的父亲阿吞建造一座赛德节神庙，建在阿吞的岛上，这座岛应叫作"托起赛德节者"，就在此地阿赫塔吞！我为我的父亲阿吞建造第二座赛德节神庙，建在阿吞的岛"托起赛德节者"上，就在此地阿赫塔吞！我将为我的父亲阿吞完成所有必要的活计，处理完所有必须完成的工作，就在此地阿赫塔吞……我为自己建造王宫，还为王后建造一座后宫，就在此地阿赫塔吞！人们应为我在阿赫塔吞的山中修建一座陵墓，在那太阳升起的地方，我庆祝了阿吞赐予我的千百万个登基纪念日后，要下葬在那里。千百万年后人们要把大王妻纳芙蒂蒂葬在那里……千百万年后人们也要把公主梅丽塔吞葬在那里。若千百万年后我死在某处，无论是在北方、南方、西方还是太阳升起的地方，人们都应该带我回来，让我的葬礼得以在阿赫塔吞举行。若大王妻纳芙蒂蒂——愿她万岁——千百万年后死于某处，无论是在北方、南方、西方还是太阳升起的地方，人们都应该带她回来，让她的葬礼得以在阿赫塔吞举行。如果公主梅丽塔吞千百万年后死于某处，无论是在北方、南方、西方还是太阳升起的地方，人们都应该带她回来，让她的葬礼得以在阿赫塔吞举行。人们要为尼维斯公牛（Mnevis-

Stier，赫利奥波利斯的神牛，被视作太阳神拉的信使，但它的墓地从没有人发现过！）建造一处墓地，在太阳升起的地方，让它的墓地得以位于其中。人们应为大祭司和阿吞的诸位神父以及阿吞的仆人在阿赫塔吞的山中修建墓穴，在太阳升起的地方，他们的葬礼应在此处举行。人们应为所有臣子和居民在阿赫塔吞的山中修建墓穴，在太阳升起的地方，他们的葬礼应在此处举行！如果不埋葬在这山中，那就会比我在统治的第 4 年听到的东西更恶劣，那就会比我在统治的第 3 年听到的东西更恶劣，那就会比我在统治的第 1 年听到的东西更恶劣，那就会比涅布玛阿特（Nebmaatre，阿门诺菲斯三世）听到的更恶劣，那就会比门彻佩鲁勒（Mencheperure，图特摩斯四世）听到的更加恶劣，这是真的，就像我的父亲活着一样真实……

其余的碑文都严重损毁。法老宣告了阿吞的节庆，称自己想要独自为阿吞神完成献祭活动。埃赫那吞列举的"恶劣事"并非指某些特定事件，而是概括地指从他祖父的时代到他统治的第 5 年发生的所有负面事件。虽然法老只提到了自己统治 3 年里的"恶劣事"，但这个数字 3 还是包含整个统治期。

阿门诺菲斯四世一边建立新的都城，一边把自己的称号和出生名从头到尾改了个遍。新名字改好后立即正式生效。于是，在孟菲斯的伊皮那封写于建都仅仅 6 天后的信件中，法老最后一次被人用"阿门诺菲斯"之名称呼。法老为自己选定的称号表明了阿吞的绝对统治：荷鲁斯名为"强壮的公牛，阿吞所爱"，涅布提名是"在阿赫塔吞享有巨大的王权"，金名是"托起阿吞之名者"。一小块雪花石做的仪式用石板用图像令人印象深刻地描绘了这个新金名，这块小板上刻画了跪着的法老用张开的双臂往上托起阿吞神的两个王名圈（柏林埃及博物馆，编号 2045）。法老没有改动自己的涅苏特 – 比提名，这个名字仍然是"涅夫彻佩鲁拉 – 瓦恩拉"（Nefercheperure-waenre），意思是"具有完美的外形，一位拉神，拉神的唯一"。法老把自己的出生名改了，这件事非同寻常，而且绝无仅有。他的出生名不再是"阿蒙是仁慈的"，而是埃赫那吞，即"阿吞的光线"，这是他未来的名字。

依照埃赫那吞的命令，阿赫塔吞必须在最短的期限内建好，这座城中有各种各样献给阿吞的祭祀用建筑，除了几座大型神庙之外，还有许多较小的神殿。重要的王室成员如王后纳芙蒂蒂和王太后泰伊拥有自己的神庙祈祷室，国王把这些祈祷室命名为"日影"，这指的是阿吞的一种非同寻常的表象。法老的孩子们也拥有"日影"来完成他们私人的礼拜活动。

这些祈祷室分为两部分：有一个放祭坛的空场，里面有法老的塑像，让法老以这种方式参与祭礼；里面还有一座主祭坛，它被建造得像一座高台上的庙宇，一条阶梯往上，通向这座朝向东方的祭坛。

就在这一年之后，也就是埃赫那吞统治的第 6 年佩瑞特季的第 4 个月第 13 日，阿赫塔吞周围又立起了 11 座界碑，它们记载了城市的落成庆祝活动。

这一天，人们在阿赫塔吞的毡子帐篷中，这帐篷是为了陛下在阿赫塔吞搭起来的，意为"阿吞心满意足"。陛下驾着马匹，在一辆银合金制的马车上现身，就像是从地平线上升起的阿吞，用自己的爱惠泽上下埃及。自从他发现了阿赫塔吞后，第一次踏上通往它的美丽道路。陛下努力把它建成一座献给阿吞的纪念碑，依照的是他的父亲……那赋予无穷尽生命者……所命令的……为了阿赫塔吞落成日，人们献上了丰盛的祭品，有面包和啤酒、大牛与小牛、牛犊和禽类、葡萄酒和果实、熏香与各种良好的植物，为的是生机勃勃的太阳，它接受人们的赞颂和爱，为的是上下埃及法老的生命、福祉和健康，他靠"真实"（玛阿特）而生，是上下埃及的主人，涅夫彻佩鲁拉，拉神的唯一，靠"真实"而生的拉神之子，冠冕的主人，埃赫那吞，万寿无疆，得享永恒无尽的生命。

法老……发的誓言：

"以我父亲……生命起誓，以我为王后和她的孩子们欢喜的心起誓，愿大王妻纳芙蒂蒂——愿她永享无尽的寿命——得享百万年的寿命，并且属于法老，愿她的孩子、公主梅丽塔吞和玛可塔吞得享百万年的寿命，并且永远属于她们的母亲、大王妻！我永远不会用渎神的意愿道出我心声的真实之誓，这个誓言是：阿赫塔吞东山上的南界碑，是阿赫塔吞的一座界碑，我要让它位于此处。我永远不会越过它向南方去。和它正相对应，在阿赫塔吞南山上立起了西南界碑。立在阿赫塔吞东山上的中界碑是阿赫塔吞的一座界碑，我要让它立于阿赫塔吞的日出之山上。我永远不会越过它向东方去。和它正相对应，在阿赫塔吞西山上立起了北界碑。阿赫塔吞东山上界碑和界碑之间的阿赫塔吞城绵延 6 伊特鲁（Iteru，1 伊特鲁 =20000 肘 =10.5 公里）$1\frac{3}{4}$ 切特（Chet，1 切特 =100 肘）4 肘（Elle，1 肘 = 约 52 厘米）。与此一模一样，阿赫塔吞西山上城市西南界碑到西北界碑之间也是 6 伊特鲁 $1\frac{3}{4}$ 切特 4 肘。这四座界碑之内,从东山到西山之间的区域是真正的阿赫塔吞,这座城属于……我的父亲,连同山峰、荒漠和田地,连同新的土地、高原和未经使用的净土,连同耕地、水源和村庄,连同河岸、人民和牲畜,连同树木和我父阿吞创造的一切,一起属于他,他让这一切永存。"

两年之后又补充了以下内容:

统治第 8 年佩瑞特季第 1 个月第 8 日,

图 4-1,图 4-2　真人大小的埃赫那吞石膏头像,此头像被视作这位宗教创始人最重要的肖像,王冠的下边缘清晰可见,1912 年出土于雕塑师图特摩斯的作坊,现存于柏林埃及博物馆

驻留于阿赫塔吞时重复此誓言。法老于银合金制的马车上现身，站在那里注视那几座阿吞界碑，这些界碑立在山上，位于阿赫塔吞东南边界。

制作这些界碑前后的那段时间里，王后纳芙蒂蒂又生下了一个女儿，取名"安克森帕阿吞"（Anchesenpaaton），即"她为阿吞而活"。

第九章　眺望天空之景

马雅将军墓（阿马尔纳14号墓）中的铭文赞颂了阿赫塔吞的美丽：

你把阿吞的委托交付于你的孩子，他来自你的光线，是上下埃及的法老、涅夫彻佩鲁拉，拉神的唯一，让他为你建造伟大、堂皇又让你钟爱的阿赫塔吞，这座城集你恩宠于一身，城中满是拉神的财产和祭品。人们因看到它的完美而欢欣鼓舞，它富丽堂皇。注视着这座城就像眺望天空之景，仿佛在这里就可以扶摇登天。

从无到有地建造这座城市确实是一个巨大的工程。法老委派建筑师玛阿纳赫图埃夫（Maanachtuef，意思是"我见识到了他的强大"）作为新都城所有纪念碑建设工程的总建筑师和领导者，我们至今仍不得不因这项艺术和逻辑意义上的伟大成就向此人致以钦佩之情。他位于阿赫塔吞南城的住所中只有一块门拱保留下来（柏林埃及博物馆，编号 20376），由此他的名字不致被人遗忘。我们可以想象，曾有千万名石匠、土方工人、各类手工艺人、建筑师、工程师和艺术家为这位喜欢空想的法老劳作，但又有多少人为了这幅"眺望天空之景"辛苦劳作时在灼人的热浪中死亡。由于埃及位于一片亚热带干旱地区的北部边缘，阿赫塔吞白昼温度非常高，夏天可以达到摄氏 50 度以上。不过这酷热被极低的空气湿度缓和了一些，因此夏天在这种气候条件下生活也是可以忍受的，这里的冬季甚至挺舒适。

如果我们从南方走向这座最终拥有 5 万~10 万人的新圣城，走过 14 座界碑中的 3 座（J，K，M，考古学家用字母对它们进行区分）后，首先会遇到一座较小的宫殿，这座宫殿孤零零地坐落于城市外，名叫玛鲁－阿吞（Maru-Aton），即"阿吞的安乐宫"。这里有一些精美绝伦的地板画（开罗博物馆，编号 J. d. E. 33030/1–20 及 34035/1–11，以及柏林埃及博物馆，编号 15335–6，一些碎片现存于英国、荷兰、加拿大和美国的博物馆），是利用干壁画技术绘制的。也就是说，这些画是用水粉颜料画在涂了色的石膏板上的，而水粉颜料在干了之后会发亮。绘画题材几乎全部出自动植物世界。我们可以看到，就连绘画都在阿赫塔吞呈现全新的风格。安乐宫四周是一个带池塘的花园，有

图 5 从一片沼泽地上展翅起飞的鸭子及水生植物，玛鲁－阿吞宫中的地板画，高 101 厘米，宽 160 厘米，现存于开罗博物馆

多间房屋，还有两间设有太阳圣坛的"日影"祈祷室。

如果从玛鲁－阿吞继续往北走，经过尼罗河畔的一座神庙，就来到了阿赫塔吞的南城，上流社会居民的很多地产都在这里。居民的社会地位从他们的房屋就可以看出来，最气派的房舍基座面积在250~400平方米，坐落在广阔的土地之上。它们的墙壁是用风干的砖石砌就的，上面涂了灰浆，漆成了白色。屋顶上有一扇可以开闭的窗户，可以起到空调的作用。走进去之后，人们踏入堂皇的门厅，门厅通往遍布廊柱的前厅、浴室及厕所、走廊和许许多多其他的房间，房屋周围建有带人工池塘和泉水的大型花园。在南城还有维西尔兼市长纳赫特（Nacht）建造的拥有24个房间的庄园，这座庄园离市中心比较远，大概有两公里。通往市中心的路上，经过高级掌马官兼驭者拉涅夫（Ranefer）的宅邸后，我们首先会看到雕塑师图特摩斯的作坊和住所，他就是在这里制作了纳芙蒂蒂那尊著名的胸像（柏林埃及博物馆，编号21300），这尊像自打重见天日以来就让全世界惊艳万分。雕塑师的大型庄园环绕在8栋同样的小住房之中，这些显然是帮工和学徒的住所。离这位艺术家的地产不远处是拉莫斯将军——就是那位以前在新政之初就改了名字的将军的地产。

城市的主干道被现代人称作"国王大街"（Königsstraße）或"国王大道"（Königsallee），因为所有重要建筑都位于它两侧，这条干道是南北向的，它过去的名字可能是"阿吞之岛"[Insel des Aton，参见文后阿马尔纳（阿赫塔吞）中心及北城图，图注8]。这条大道被建设成内城中名副其实的豪华大道：这里那些富丽堂皇的建筑部分是用白色的石灰岩建造的，雪花石膏、石英岩和花岗岩材质的建筑装饰元素则给人们带来一场色彩盛宴。

城市中心北部是这座城最宏大的神庙区域（图注9），这是新宗教世界的核心。为了大举昭告天下自己的神多么有力量又伟大，埃赫那吞曾在这里建造一处圣所，这圣所依照太阳运行轨道建在一条东西向轴线上。他赋予这处圣所名字——"阿吞在阿赫塔吞的房子"。圣所四周巨大的围墙宽 250 米，长 800 米，还有一个高大的出入门，这道墙环绕着两座石头建造的神庙，"格姆帕阿吞"（Gempaaton，意为"找到了阿吞"，图注 10）和"胡特－本本"（Hut-Benben，意为"本本殿"，图注 14）。"本本"这个名字来源于赫利奥波利斯一座神庙中的一尊石碑（或者土堆），在神话中，太阳神拉作为上古之神（uben）从其上方升起，这种观念被埃赫那吞借用到自己的都城里。

两座神庙中较大的是格姆帕阿吞，它是由六个庭院构成的系列建筑，最前面是被称为"欢庆宫"的封顶廊柱大厅，这是神庙震撼人心的入口。庭院彼此被双塔式门隔开，这些双塔式门上既装饰着大量浮雕，又饰以旗帜。庭院里面则是一长列一长列的祭坛，这是给有特权的人做祭台用的。外面还有一些砖砌的祭坛，是为那些没资格进入圣所的人准备的，那些人只能在这里把祭品献给阿吞。东边几百米处的胡特－本本则是供奉王家祭品的地方。这组神庙建筑又被两道墙保护着。跨过两扇双塔式门，进入一个放置着国王巨像的柱廊。柱廊后面是另一扇高大的门，通往一座庭院。在这座庭院中央立着一座高高的祭坛，需要走台阶上去。诸多较小的祭坛围绕在它周围。当法老在家人和国中显贵的伴随下，在音乐声中向圣所行进，以便在高高的祭坛上献上自己的贡品时，一定是一幅令人震撼的景象。大祭司梅里拉和神庙财务主管帕涅何西墓（4号墓和6号墓）中制作精美的浮雕展示了王家献祭的这一场景。而且，圣所在帕纳赫希的墓中被描绘得尤其形象。

格姆帕阿吞和胡特－本本之间是屠宰场（见图注11），就是在这里屠宰献给阿吞的动物。屠宰场旁边是石英岩建造的巨大石柱（见图注13），石柱上端被削圆，这就是让神庙得名的"本本石"。石柱上面有对王室的描述。此外，这里还立有一尊埃赫那吞的巨型坐像（梅里拉墓，4号）。

阿吞大神庙北边围墙的外侧有一个宽敞的阁子（图注12），法老拿它作为举办庆典的房间；王太后泰伊的大总管胡伊亚（Huia）的墓（1号墓）中描绘了这个阁子。

图 6　王后纳芙蒂蒂的脸在阿吞的手下方，石灰岩浮雕残片，阿赫塔吞某神庙或宫殿的立柱碎片，高 25 厘米，私人藏品

在主干道向河的那一侧绵延不绝的是长达 700 米的庄严的王宫（见图注 18），王宫周围围着一道石墙。宽敞的前庭中有一扇觐见窗，通过这扇窗子，法老就可以在私人领域内给予臣民殊荣和嘉奖（梅里拉墓，4 号）。宫殿内部的房间装饰得十分讲究，几处地面上及墙上都绘有手法精湛的湿壁画，其中一部分保留了下

来。这些画很吸引人，不仅是因为它们色彩绚丽，还因为并不连贯的色调营造了一种非凡的立体感，在这之前的埃及绘画中没有可以与之相比的东西。这些画描绘的是植物和盛开的花朵，还有尼罗河畔的情景，画了许许多多的人，其中包括外国人和埃及用人，他们在忙前忙后；还画了一些动物，它们行动时似乎没有一点儿重量。这些画还是未受损坏的完整一组时肯定非常令人着迷。

宫殿区域北部所谓的"北后宫"（阿亚墓中壁画有所描绘，25 号墓）。这里有一座洼陷的矩形花园，里面还有泉，花园被树木环绕，周围是许多房间和殿堂。花园旁边是宝殿及其配间组成的广阔建筑群。在这里，法老夫妇的权力和伟大通过建筑和艺术得到展现，令人印象深刻：在一间 101 平方米的矩形大殿中，一幅画在地面上的画保留了下来，有 78 平方米，非常优美，正中间画了一个满是鱼儿的池塘，四周是各种植物、扑展翅膀的鸟儿和花束。画的最后是一列外国俘虏。宝殿建筑群北边紧挨着一座大花园。宫殿区域除了各个仓库外，还包括南后宫，不过南后宫比北后宫小得多。最后，宫殿区域最南边还有巨大的加冕大殿［可能是梅丽塔吞和赛门卡拉（Semenchkare）的加冕殿］，里面有一列列立柱。不过，这些大殿是阿马尔纳时代即将结束时才建造的。

法老的居所在"国王大街"的另一侧，正对着宫殿（见图注17），在阿吞小神庙（见图注23）和包括面包房在内的巨大仓库（见图注16）之间，这仓库属于阿吞大神庙。这座王家居所是按照王家庄园的样式建造的，它同样拥有一个带有一眼泉的大花园，还有一个廊柱大厅，大厅旁边是一座宝殿，配有一个方形的走廊。走廊图像刻画的是一列外国人正举着双手乞求。与宝殿仅仅隔着一条走廊的是两个房间（每间房约50平方米），其中一间作为洗浴室，另一间在1891/1892年让英国考古学家威廉·马修·弗林德斯·佩特里（William Matthew Flinders Petrie，1853~1942）大为惊奇，因为这里有阿马尔纳艺术的高峰甚至是整个埃及绘画的巅峰。这是一幅湿壁画，面积很大，刻画是的王室群像，被发掘时还保留了好多残片，可以用来复原整幅壁画。这件杰作的一个保存得特别好的碎片（40厘米×165厘米）描绘了这样的场景：两位小公主纳芙纳芙鲁阿吞－塔舍丽特（Neferneferuaton-tascherit）和纳芙纳芙鲁拉（Neferneferure）赤裸着坐在刺绣的软垫上，两人旁边站着另三位公主——中间的梅丽塔吞、左边的玛可塔吞和右边的安克森帕阿吞；公主们在画中赤裸着身子，被她们母亲的手紧紧地搂在膝前；右侧可以辨认出坐在一把放有软垫的单人椅上的埃赫那吞穿着凉鞋的双脚；左边是纳芙蒂蒂坐在一个软垫上，怀里抱着婴儿赛特潘拉（Setepenre），梅丽塔吞的右臂则伸向母亲，她的手指触碰着赛特潘拉的一只小手；在左侧边缘还可以看到一名深深躬身的仆人。这幅风俗画十分不同寻常的新的空间布局法和传达出的亲密感让它具有感染力。画上去的建筑物框架更是让画作更加立体、生动。人脸和身体的颜色都有种细腻柔软的美感，营造出温暖的气氛，十分迷人（牛津阿什莫林博物馆，编号1893.1-41）。

王宫和法老的居所由一座桥连接起来，这

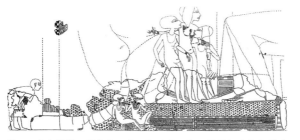

图 7　家庭场景，诺尔曼·德·加里斯·大卫斯根据法老住所的著名画作绘制

座桥架在大街上方，有三个通道供人通行（见图注 22）。中间通道的上方是一扇很大的觐见窗，饰有一个埃及眼镜蛇形的窗楣，在某些节庆场合和给予重要嘉奖，比如向有功勋的人赐予荣誉金时，法老会通过这个窗子向民众示意。阿亚的墓中壁画描绘了一个有趣的情景，这里就像一部滑稽小品一样叙述了一次授予荣誉金的场景。警卫、一位过路人和数名男童展开了下述对话：

警卫一：这欢呼声是给谁的呢，孩子？

男童一：人们为神父阿亚欢呼，还有他的夫人提伊！他们成了享有荣誉金的人！

警卫一对另一男童：跑啊，去看看那盛大的欢庆，好说清楚那是给谁的！

男童二：我就去！我马上回来！

过路人：这到底是为了谁欢呼？

警卫一：待在这里，然后你就会看到万寿无疆的法老对神父阿亚及提伊的懿行。万寿无疆的法老正要赐予他大量黄金以及其他馈赠。

男童三对另一男童：你留心看着椅子和器皿。我们只想看看神父阿亚被赐予什么！

男童四：可不要待太久，不然我就拿着东西走了，亲爱的！

法老居所东边是国家档案馆（图注19）及其附属建筑，与当时世界政要的外事信件也保存在这里，这后面是用黏土砖修建的"生命之房"（per-anch，图注21），一座保管机密文件的图书馆就坐落在这里面，此外它还是那些将来要从事公职的祭司、书写员和医生的培训处。

与这座房子毗邻的是军队营房以及近旁的地方警卫驻扎处，警卫人员是由已经提到过的马胡领导的。这里也有军械库和马厩，也不缺练兵场和阅兵场——这是有考古证据的。

法老居所南边是埃赫那吞的界碑碑文中已经提及的阿吞小神庙——"阿吞邸"（Residenz des Aton），这是模仿阿吞大神庙建造的。一面被小塔楼隔断的围墙圈定了它的轮廓，使它看上去就像某种类型的城堡或者堡垒。入口处的双塔式门后面，第一个庭院正中有一间很大的"日影"祈祷室，再经过两扇双塔式门，就来到了石头建造的至圣之殿前，这座圣殿给人的感觉与阿吞大神庙里那座一样。这座神庙是埃赫那吞及其家人的陵庙，其中轴正对着阿布·哈撒·埃尔－巴里谷（Wadi Abu Hasah el-Bahri），而且是正对着南北两侧山峰之间暗影般的谷地。早晨太阳从山谷上升起时，就会鲜活地显现象形文字"阿赫特"（Achet，"地平线"）的字样。帝王谷一条短短的支道中，离入口处6公里处是埃赫那吞的王陵（26号墓）；他打算让自己和家人安葬在这里初升的太阳光中。侍从图图的墓（8 号墓）中一幅清楚明了的图像绘有神庙。

好了，让我们继续这段穿过阿赫塔吞城中心的旅程。阿吞大神庙围墙的东南端是祭司兼"阿吞公牛总管"帕涅何西的行政办公室（见图注 15）。除此之外，帕涅何西还有一座豪华的私宅，位于城市中心略靠南的地方。一面砖墙将行政办公室和外界隔开，在门厅和主厅中可以看到精美的绘画。阳光和空气通过高处的栅栏窗进入。房子里还有一间卧室，由此帕涅何西可以在这里居住——如果他被迫留下继续工作的话。这里也不缺少洗浴室和盥洗室，它们的墙壁被石头做的釉砖保护着。人们往自己身上浇水，是为"淋浴"。有一间小祈祷室是为私人祭祀而设。此外，还有一些为职工们准备的小居室。

修建王陵的工人居住的村子肯定和阿赫塔吞城内的住房形成对比，位于市中心之外，离群山只有 1500 米。这里狭小的空间拥挤地排列着 70 座联排房，里面住着拖家带口的石匠、书写员、画家、浮雕艺术家和挑夫。他们的职责是在近旁的东山上开凿岩石墓穴，再用浮雕和铭文装饰这些墓穴。这些熟练的工作者是法老从底比斯西侧征调的，最近才迁徙到这里。因为阿赫塔吞没有排水系统，人们就把垃圾和排泄物倒进坑里，这肯定不只产生难闻的气味，还让寄生虫、害虫和危险的病原体肆意繁殖。有鉴于此，人们在工人居住区饲养了成群的猪，这些猪被有目的地放养到城市街道上，为的是清除垃圾，最后也能提供猪肉。

如果离开市中心往北边走，不到一公里后就到北城郊（见图注7）。城郊的形成也是计划操控的结果：这里除了优雅的建筑，如手工艺者领袖哈提阿伊（Hatiai）的住所之外，还有那些建造得低矮简单的中产阶级的房屋，但也有建造得毫无章法的贫民的小屋。

最后，再往北还有另一座很大的王宫（见图注5）。穿过西侧的一扇大门，是两个前后相连的庭院，它们通往法老的觐见大厅。这座宝殿被围绕在许许多多装饰着绘画的房间之间，那都是为法老及其家人准备的。配套的还有一座花园和一个池塘，它们被柱廊三面环绕。不过，这座宫殿独一无二之处在于这里养了很多动物，所以可以称其为王家动物园。根据保留下来的饲料槽上装饰的浮雕可知，这里曾经饲养着山羊、羚羊和各种各样的牛；鸟舍里则养着飞鸟和家禽。法老及其家人可以从其中一间起居室里通过一扇专门的窗户观看动物。那些迷人的绘画也呈现给我们一个丰富的动植物世界。埃赫那吞和自然的密切联系在哪里都不像在这座北宫中表现得这么强烈。而且，这里气温特别宜人，因为尼罗河上吹来的北风拂过宫殿，凉意习习。

再往北一些，一道斜坡横穿国王大街（图注 4）。阿赫塔吞的最北端还有另一座王宫（图注 3），这座王宫正对着尼罗河，由长长的一列建筑组成，另外还有一栋行政建筑（图注 2）。按照法老的构想，阿赫塔吞城未来应该发展为一个大都市，也要扩展到尼罗河西岸；计划包含的城市区域，最开始只有一小部分有人入住。阿赫塔吞的建筑体现了三神组对世界的统治：阿吞通过自己的运转统治东西两个方向，神之子埃赫那吞和神之女纳芙蒂蒂统治南北。我们在阿赫塔吞附近的墓中可以看到一些浮雕，浮雕中法老和他的夫人身处明亮的太阳光下、金子做的大车中，两匹奔驰的马分别拉着一辆车，车看上去就像在往前飞，国王夫妇冠上的带子随风飘动。这样，埃赫那吞和纳芙蒂蒂就像太阳那样，东升西落，快速移动。阿赫塔吞城应该成为世界的神圣中心，它应该永存，"直到天鹅变成黑色，乌鸦变成白色，直到群山起身漫游，河水向高处流淌"。

第十章 "你塑造人及其品性"

从现在开始引领新城乃至全国的所有人进入一个一致的、不容改变的且持久的命运共同体：这就是埃赫那吞的意愿。而这个命运共同体是为神效力的，由宗教、崇拜和国家公务联系在一起。这种发展的推动力是法老——一位具有革命精神的思想领袖、教育者和先知。这个国家生活的方方面面都要重新建构。这样做的前提是所有臣民的头脑中都要形成一种新意识。

法老贯彻的一项重要改革是关于书面语言的。此前埃及人书写时使用的一直是古典语言，即我们所说的"中古埃及语"（das

Mittelägyptische），这种语言自公元前 2000 年开始就通用于全国各地。学校里教授这种古典语言，所有公文及宗教和世俗的文学作品都是用它写就的。然而，口头语言在随后的几个世纪里向前发展，甚至发展到使书面语言和它比起来就好像是自己国家的一种外语，让不熟悉书面语言的人很难理解它的程度。为了消除书面语言和口头语言之间的鸿沟，埃赫那吞下令，只能使用他这个时代的口头语言——"新埃及语"（das Neuägyptische）作为书面语言。正如布克哈特·克罗伯（Burkhart Kroeber）断定的那样，这是埃及语言发展史上最深的一个切口，一次影响深远的文化革命，不考虑任何习俗惯例。

这样一来，作为宗教改革家的埃赫那吞就把自己提升为人民的导师。然而，这不仅涉及宗教和语言，还包含了当时人们生活中的许多其他方面。马雅将军（14 号墓）说到法老时，讲到了这件事：

……我按照他的要求做事，毫不间断

地听他的话……我的主人啊，你就像阿吞一样有经验，对"真实"（玛阿特）感到满意，听从你的教诲的人真是受益匪浅啊……跟随你的人真是受益匪浅啊！

侍从图图墓（8号墓）中的铭文也显示：

你的双手是阿吞的光线，你塑造人及其品性。

在阿门诺菲斯四世／埃赫那吞的新教义影响下，一种独特的艺术表现风格形成了，这种风格——根据阿赫塔吞地区的现代阿拉伯语名称"特尔·埃尔－阿马尔纳"（Tell el-Amarna）——以"阿马尔纳艺术"这一名称闻名。埃赫那吞在位第4年，这种另类的艺术表现方式随着阿吞神庙的修建在一夜之间登台亮相。遗憾的是，我们受限于后世对埃赫那吞的迫害，拥有的几乎只有这个时期艺术品的残片。首当其冲的是浮雕，它们被打碎，被重新用在后世的建筑上，由此失去画面的关联性；只有在阿马尔纳的岩石墓穴中，这些浮雕还被按照过去的次序安放。

在埃赫那吞时代之前，通常的做法是在内室使用凸雕技术，在外墙上则使用凹雕技术，因为日光可以用阴影填充深陷的线条，让画面显现震撼的立体感。阿门诺菲斯四世执政时最开始也允许建造凸起的浮雕，后来就只允许使用凹雕技术。自然，从这里也可以看到一种宗教主题：现在的所有场景，无论是在神庙的墙上还是墓穴之中，全都遵循新教义发生在阿吞神的光线之下，没有他的话，世界只能凝滞在死气沉沉的睡梦中。因此，普遍使用这种技术也是合乎逻辑的，毕竟这种技术从一开始就旨在利用太阳的光线让画面鲜活起来。

除此之外，为使光之神阿吞真正能够接触到死者，阿马尔纳的岩石墓穴被安置成笔直的一列，排列得让太阳光可以照射到里面去。这样，死者和他周围的图像世界就得到了神赋予生命的力量。墓穴浮雕的主题不同寻常，过去这种墓穴中占主导的是得到艺术性升华的彼岸世界，以及画中央被画得很大的墓主人，还有墓主人和地府的统治者奥西里斯在一起时的各种情景；而现在，埃赫那吞和王后占据着画面的绝对中心。人们可以看到他们迈步走出宫殿或者到神庙献牲；阿吞总是被画在他们的头上方，使他们在神光下。相反，墓主人自己则退避成一个小角色，从他有时仅仅被画得比较小这一点就能看出。所以这里呈现了新的宗教观念，根据这些新观念，对于阿马尔纳的信徒来说，与法老和王后的关系即使在人死之后也保留着极为重要的意义，如果没有这种关系，在死后世界就没有希望。墓和神庙的浮雕中有很多对法老的群臣及其礼节的描绘。祭司和官员卑微地躬身走近法老夫妇，其他人亲吻法老面前的地面。在画面中经常可以看到士兵，他们一边向前躬身，一边快步行进，或者看到敬重地隔着一段距离向自己的法老欢呼的男男女女。墙上的图像各部分都是着过色的，幸运的话有些浮雕原本的颜色还能保留下来。

此外，对阿马尔纳的发掘还让大量全景雕塑重见天日，这些作品可能出自图特摩斯、"活计总管"巴克（Buk）和"高级雕塑师"玉提（Juti）的雕塑作坊。很多全景画展示了人们制作雕塑时运用了一种全新的制作方法。现在，工匠通过使用不同种类的石头来区分人体赤裸和穿着衣服的部分。塑像是由一些单一部分组合而成的，而且工匠不只使用各类石头，还使用釉陶和玻璃等其他材料。

在阿马尔纳艺术发展史中可以看到很多次转变，如最开始那个阶段的夸张和扭曲越来越缓和，形象上的表现力日益让渡给一种越发强烈的内在精神性。这或许说明艺术表达更加独立自主，但我们绝对不能将这种转变解释为埃赫那吞的宗教热忱相应地减退。

最后，阿马尔纳时代艺术的独创性和创造的多样性也表现在新的图像主题上。除了阿吞的形象外，衔尾蛇（Uroboros，希腊语，意为"咬尾巴者"）这一母题也出现。啮噬自己尾巴的蛇表示世界的边界，在多个世纪内都广泛传播，一直流传到罗马时代。埃赫那吞使用艺术来贯彻自己的宗教改革。没有法老的允许，任何雕塑艺术——即使是最丑恶的那种——都不能出现或展示，因为他才是为自己的艺术家提供母题、形式和技术方针的人。同为"高级雕

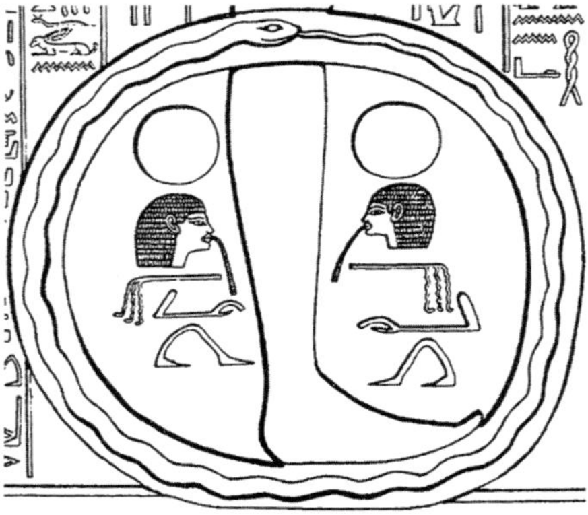

图 8　根据图坦卡蒙法老第二座金制神龛左侧外壁上的衔尾蛇图案绘制的示意图，开罗博物馆藏

塑师"的巴克还为我们留下了艺术史上的第一尊自塑像（柏林埃及博物馆，编号 31009）。他称自己是埃赫那吞的学生，是"陛下亲自指导过的"，我们显然可以按字面意义来理解他这句话。

第十一章　神之光

宗教改革之初，埃赫那吞把阿吞神摆在诸神之首，为他在万神殿中安排了一个最重要的特殊角色。等级地位的改变在埃及宗教史上已经发生多次。比如，金字塔时代（公元前2100年之前），在崛起成为强大的王国之神以前，阿蒙神只不过是一位微不足道的神祇。至此，埃赫那吞的臣民本是完全可以理解和接受这场变革的。

然而，埃赫那吞和此前得到广泛接受的宗教根本对立，因为他希求让自己的教义越发纯洁、越发绝对，而且打压其他所有神祇。他坚定不移地让阿吞一步步成为唯一的神，不允许其他神祇与他并驾齐驱，最后实现"除阿吞之外再无其他"。至此，人类历史上第一次出现了一种一神教信仰，当然，这种信仰是国王规定的。对信仰有异议就被认作对国王不忠，会立即受到惩处。

一神教与多神教相反，后者是对众多被设想为人形的神祇的崇拜。所有一神教都有几个显而易见的共同点：它们建立之始总会有一个创始人，无论是埃赫那吞、摩西、查拉图斯特拉、耶稣还是穆罕默德，这个创始人宣称他的神是唯一的神。一神教没有国界的观念，也不认为有民族能摆脱这唯一真实的神的控制。因此，即便一种观念设想某位特定的民族神祇统治某一民族或者国家，而其他民族有其他神灵，这种观念也会被视作异于信仰而遭到否定。也就是说，谁要是不信那唯一的神，谁就是无信仰的人，必须为了那唯一的神被引导到正路上。正是出于这个原因，人们为了各种一神教忍受了极大的痛苦，犯下了骇人听闻的罪行。弗雷德里希·迪伦马特在一篇关于以色列的杂文中写道："因为发现神可能是人类各种发现中后果最严重的一种，无论有没有神都一样。"

阿吞也是一位掌管万物的神祇，他包罗整个世界，只不过他的传道者属于特定民族，是埃及的一位法老。王陵（α室）浮雕为我们展示了阿吞的这种世界性权力：射出光线的阿吞出现在群山之间，他的光线射进阿赫塔吞的神庙，神庙里画的是在晨曦中献祭的王室成员。同时，来自不同国家的人穿着自己特殊的民族服饰在神庙前朝拜掌管万物的光之神。动物也参与其中，因为阿吞是大地之主，也就是所有生灵的主宰。过去，信奉多神教的尼罗河国度一般对外国宗教表示宽容，而现在阿吞不容忍其他神祇与自己并驾齐驱。法老甚至越发避免使用"神"（netjer）这个词，因为这个词和过去的诸多神祇联系得太过紧密，从这一点上就可以清楚地看出埃赫那吞在创建一神教时希望自己的教义有多么严格。他通常只说"生气勃勃的阿吞"。

埃赫那吞亲自撰写的一首圣歌，即所谓的《太阳大颂歌》（*Großer Sonnengesang*），刻在他的岳父阿亚的岩石墓穴中，竖列，13 行。这

图 9　阿亚和他的妻子提伊在祈祷，阿马尔纳阿亚墓（25 号墓）入口处的浮雕，这对夫妇上方竖排镌刻着著名的《太阳大颂歌》的唯一版本

是新宗教的"雅歌"（das Hohe Lied），我们可以从这首颂歌中直接了解到埃赫那吞的立论：

> 你在地平线上光彩夺目，
>
> 生气勃勃的太阳，你的生命始于太初。
>
> 每当你在东方升起，
>
> 都用你的美丽洒遍每一寸土地。
>
> 你光明、伟大、耀眼，
>
> 高居于每片土地之上。

你的光线拥抱大地，

直到你所创造的一切的尽头。

当你抵达这大地的边界时，

当你让它顺从于你的爱子时，你就是
拉神。

即使你在远方，你的光芒也在大地上，

你照耀着人间的面孔，

但你的运转玄妙莫测。

你若是西沉，

大地就黯淡，仿佛处于死亡之境。

睡眠者在斗室之中，

遮盖着脑袋，互不相视。

即使从他们眼皮底下抢走他们的全部
财物，

他们也根本注意不到。

猛兽全都从巢穴中出来，

每条毒蛇都欲咬人，

昏暗是座坟墓。

大地沉默于斯，

因为它的创造者在自己的地平线处
休憩。

你若在地平线上升起，大地就充满光亮。

白天，你闪亮发光，

再送出你的光芒，驱散黑暗。

上下埃及每日如临节庆。

所有站立者都醒过来了，因为你让他们直起身来。

他们的身体洁净，穿上长袍，

他们高举双臂礼拜，因为你光芒四射。

然后他们遍布全国，各司其职

所有牲畜都心满意足地生长，

靠香草、树木和花朵为生。

鸟儿从巢穴中飞出，

它们的翅膀赞颂你生命的力量。

自从你为了它们升起，

所有野兽都欢腾跳跃

所有飞翔翩跹的禽鸟都生机勃勃。

船只逐波上下，

条条大路畅通，因为你散发光芒。

河流中的鱼在你面前跃起，

因为你的光束也深入海底。

是你让精子在妇女体内成熟，

是你让体液变成人，

是你让儿子在母亲体内存活，

抚慰他，让他不要哭泣，

你就是子宫内的保姆，

是你赋予万物生机，让万物维持生命。

当孩子在出生那天从母亲体内出来时，

你会打开他的嘴，让他呼吸，

为他提供他所需的一切。

当蛋中的雏鸡还在壳中鸣叫时，

你给予它空气，让它维持生命。

你为它规定了破壳而出的期限。

它从壳中出来，为的是赶此期限，

从壳中出来后，它用一双小脚奔跑。

你的作品如此丰富多样，在世人面前
隐而不现，

你是唯一的神，独一无二！

你凭一己之力，按照自己意愿创造了
大地，

还创造了人、动物和各种生灵，

以及生活在大地上用腿脚四处奔跑的

一切，

以及在空中用翅膀翱翔的一切，

无论它们是在叙利亚和努比亚，还是在埃及的大地上。

你让每个男人安居乐业，为人们提供所需的一切。

人人不缺粮食，生命期限已注定。

人们说不同的语言，本质和长相亦不同，

因为你让诸民族各不相同。

你在地府创造了尼罗河，

按照自己的意志把它引到地上，

好让人类维持生命，保持你所创造的样子，

你，万民的主宰，为他们费尽心力。

你，万国的主宰，你为了它们而东升。

白昼的太阳，无比崇高！

你也让所有遥远的国度生存，

因为你在天上安置了一条尼罗河，

它会向它们倾泻而下。

山上的洪流就像大海，

滋润它们的农田，让它们需要的东西出产。

无尽时间的主宰，你的决定多么英明！

你把天上的尼罗河给了外面的民族，

还给了它们用腿脚四处奔跑的异兽。

但真正的尼罗河从地府流入埃及！

你的光芒遍洒所有田地。

当你东升，所有土地生机勃勃，为你生长。

你创造了季节，让你创造的生命欣欣向荣，

你创造了冬天，为了让它们凉爽，

还有夏季的炽热，让它们感受到你。

你让天空高远，为了升到天上去，

以便可以观看你创造的一切。

你升空后独一无二，无论以什么形象，你都是活生生的阿吞，

会显现、耀眼，会远离，也会靠近。

你独自创造了几百万个形象，

城市和村庄，田野、道路和水源。

当你作为白昼的太阳居于大地上方，所有人都看到自己面对你。

但即使你前行，

你的眼睛也不再高悬——这眼睛是你为了它们而造，好让自己不再只看着自己和自己创造的东西——即使这样，你也留在我的心中！

因为了解你的，

除了你的儿子涅夫彻佩鲁拉（埃赫那吞）再无他人；

你让他了解你的意图和你的权力。

世界因你的示意诞生，你就是这样创造了它。

如果你升空，万物就生活；

你若下落，万物就死亡。

你自己就是人的一生，因为人们只为你而活。

所有人看着你的美丽，直到你去休憩。

当你西沉，活计停滞。

而（你的）显现让所有保护国王的臂膀坚实，

让所有腿脚迅捷。

自从你创造了大地，你就为了出自你身体的儿子提升这片土地，

那是上下埃及的法老，涅夫彻佩鲁拉·埃赫那吞。

这首在思想方面构思非常精妙的颂歌是古埃及最令人震惊的诗作之一。埃赫那吞在这里用唯一原理，即用光的力量来解释人和自然的诞生。他的一神教是一种用宗教形式表达的自然哲学，包含对环境中的现象、形式和运动的认识，让人联想到歌德《浮士德》（*Faust*）中的话：

我莫非是神？我的心境如此光明！

我从清晰的笔画中间，

看到活动不息的大自然展示在我心灵之前。

扬·阿斯曼（Jan Assmann）强调了法老的一项重要发现，即认识到时空的"大小"是抽象的：太阳赋予世界生命，光和时间来自太阳。

"如果你升空，万物就生活；你若下落，万物就死亡。你自己就是人的一生，因为人们只为你而活。"这些写于公元前 14 世纪的诗句表达了那些自柏拉图（Platon，公元前 427~ 前 347 年）和亚里士多德（Aristoteles，公元前 384~ 前 321 年）以来就萦绕在西方哲学和自然科学中的观念。巴鲁赫·德·斯宾诺莎（Baruch de Spinoza，1632~1677）的思维方式完全是数学的思维方式，他强调了上帝的两种属性——思维和扩展，这都是理性可以触及的。思维导致时间的产生，不能出现在时间之外；扩展则决定了物质和空间。时空抽象的"大小"也是伊曼努尔·康德（Immanuel Kant，1724~1804）、阿尔伯特·爱因斯坦（Albert Einstein，1879~1955）和马丁·海德格尔（Martin Heidegger，1889~1976）著作的基础。

埃赫那吞在《太阳颂歌》的另一个版本，即篇幅较短的《太阳小颂歌》（*Kleiner Sonnengesang*）中运用了具有革命性的新想象，这首颂歌同样在阿亚的墓中留存下来，内容如下：

你的力量和你的强大牢牢占据我心。

你就是活着的太阳，

无尽的时光就是你的映像。

　　尽管埃赫那吞关心的不是自然科学，他还是试着凭借自己的教义去认识自然法则，由此获得了一种全新的思维方式。

　　和过去的太阳神颂歌相比，这里的变化很明显：法老这位先知完全去除了宗教中大量神秘学的观念，再饰以来自自然的场景，弥补这种缺失。阿马尔纳时期的艺术创作中随处可见的与自然的联系让我们联想到亚西西的圣方济各（Franz von Assisi，1181~1226）撰写的著名太阳颂歌。在这二者中，神创造的自然均占据了诗歌的核心地位。

　　《太阳颂歌》也道明了埃赫那吞在新宗教中的地位：阿吞的本质唯独揭示给法老，因为"了解你的，除了你的儿子再无他人"。此前每一位埃及法老因为具有"地上的荷鲁斯"这一职能而都是具有神性的，但他享有的尊敬针对的总是这一职能的践行者，而不是他这个人；具有神性的是职能，不是法老。现在不是这样，阿吞神离开了，沉到了幽冥之中。埃赫那吞具有对神的认识，因为他是神之子、阿吞和人之间唯一的调解人。通往神光的道路只能经由他；只有埃赫那吞理解阿吞的意志，了解神的戒律和法则。《约翰福音》把这一信念用文字表达出来："我就是道路、真理、生命，若不借着我，没有人能到父那里。"（14∶6）有了这种和阿吞的关联，埃赫那吞的权力得到了惊人的增长。

王室成员也共享埃赫那吞这一特殊地位。神话被从新宗教中驱逐后，占据这一真空的除了自然之外还有法老的家庭。王后纳芙蒂蒂在国王执政第10年到来前又诞下了三位公主（纳芙纳芙鲁阿吞－塔谢丽特，即"阿吞是最完美者，小纳芙纳芙鲁阿吞"；纳芙纳芙鲁拉，即"拉神是最完美者"；赛特潘拉，即"拉神选定者"），在祭礼崇拜和国家政治中维持着几乎与国王平等的地位。她代表了三神组中的女性元素。既然停留在天上的父亲阿吞是爱之神，关心自己的创造物，让它们感受到自己的热忱，永生永世照管它们，那么法老埃赫那吞、王后纳芙蒂蒂和公主就在大量图景中出现，他们在用自己的生活表达阿吞的爱，在为他们的信徒做榜样，让这种爱显现在人间。他们彼此维系着异常亲密的关系，互相拥抱，温情脉脉地亲吻彼此。在几幅图像中，埃赫那吞甚至用双臂环绕王后纳芙蒂蒂和他的女儿们，亲热地拥抱她们，而她们可以坐在他的怀中。在这里，我们可以清楚明了地感受到种种温热的情感。

因此，阿赫塔吞的臣民在家里的小祭坛前各自祈祷，祭坛上摆放着光芒四射的阿吞和王室一家的形象，用来取代失落的诸神世界。可能无论在哪个官员的房舍住宅中都不可以缺少这样一种形象，因为埃赫那吞和他的王后是人间生命的保障者和守护者。信徒向三神组祈祷，也为他们献祭。比如，我们在帕涅何西位于阿赫塔吞的府衙中发现了一座长98厘米、宽118厘米的石灰岩私人祭坛，这个祭坛（埃及博物馆，编号JE 65041）装饰得十分华丽，完全是对阿吞和王室进行私人礼拜用的。

第十二章　强加的信仰

　　埃赫那吞没有努力争取使他的人民信奉新宗教，而是把它强加给人们，因为他作为法老拥有这样的权力，而且独自掌控着神的真理。但这样做是和旧日传承完全决裂，肯定让那些原本生活在一种延续了几千年的多神教传统中的臣民蓦地感到深深的困惑。此前，他们在熟悉的旧神的庇护下感到安全又有保障，所以要突然放弃这些神并把他们完全忘掉，让他们倍感棘手。而且，他们很难理解这个新的神祇。这个"发光的阿吞"的性质让人感到太陌生、太抽象，它缩减得只剩下太阳光的光亮。然而，埃赫那吞坚定地贯彻自己的理念；臣民被迫尊崇阿吞。质疑他是危险的，在神权政体中当时如此，至今仍然如此，人们不可以做与众不同的叛教者，而且机会主义者、密探和告密者肯定是少不了的。尽管如此，有人偷偷地坚守祖辈的旧信仰，当中甚至有国王贴身近旁的人，阿马尔纳出土的传统神像证明了这一点。不信新神的人不能公开承认对旧神的信仰，因此他们选择了内心流亡。

宗教日益衰微，需要寻求出路，于是一个到第 18 王朝才开始出名的年轻神祇在阿马尔纳得到崇拜，这是一个反抗困境的斗士，被称为谢德（Sched），即"拯救者"。当需要把人从

图 10-1　两位正在互相亲吻的公主，未完成的方解石像，出土于阿马尔纳，高 8 厘米，私人藏品

图 10-2　两只正在互相亲吻的猴子，石灰岩，残留部分过去的涂色，1891 年出土于阿马尔纳，高 9.5 厘米，弗林德斯·佩特里藏品

绝境中拯救出来或者从悲惨境地中解放出来时，人们就会希望他出现。这位神祇最早的出土文物恰恰出自阿赫塔吞，这是一种很有代表性的情况。

1891~1892 年，在阿马尔纳进行发掘时，W.M. 弗林德斯·佩特里发现了一些着色的石灰石小雕像。那是一些猴子，正在演奏音乐、进行杂技活动、照顾幼崽、吃吃喝喝。其中有一组小雕像（伦敦佩特里藏品，编号 UC029），有的是表现一只猴子站在国王的战车中，有的是表现一对猴子手牵手、互相拥抱或者正在热吻。这样一来，它们被塑造得和王室的官方塑像十分相近。这些小雕像不只是讽刺人类习惯的作品，而且明显是讽刺王室之作，它们身上除了流露人们暗自的快乐之外，还揭示了一些无力的时刻。这是抗拒反应的一部分，它们证明埃赫那吞的世界对于他的臣民来说并非乐土。

埃赫那吞坚定的行动也带给人们真切的绝望，这体现在一首《阿蒙哀歌》中，埃赫那吞驾崩后不久，这首哀歌被记录在底比斯西侧（139 号墓）的一处墙面刻字中，内容如下：

再次转向我们吧，永恒之主，

什么都没发生之时你曾在此，

一切结束后你会回来。

第十三章　阿吞光辉下的死亡

死者的国度，即彼岸世界，曾经是由"冥界之神"奥西里斯掌管，现在不见了，在阿吞的光辉照耀下消散了。埃赫那吞有意将彼岸世界搬到人间来，他自己很早就接管了死神的角色。死亡审判也被他废弃，在人间就已经完成对罪行的惩罚。所以，就连人们死后，法老对于他们来说也仍然是至关重要的：他是为死者带来解脱的人，是他们的拯救者，只有他的恩泽让人在死后可以继续生活。死者在人间继续生活，即在阿吞大神庙之中。如果某个臣民从埃赫那吞那里得到了战胜死亡的恩泽，他现在就成了法老的一位"受到保佑的超脱者"（hesi en），这个词在阿马尔纳时代之前泛泛地指代国王"宠幸的人"。也就是说，在这里，这个词的意义得到扩充。因此，克里斯蒂安·E.略本（Christian E. Loeben）称这个说法为阿马尔纳时代世界观范围内"死亡的一个特定方面"。所以，对于每个人来说，了解自己必须如何行事才能不引起埃赫那吞的不满是尤为重要的。这种情况也让人联想到《约翰福音》："凡活着信从我的，必永远不死。"（11：26）因此，阿赫塔吞神庙中阿吞的首席仆从帕涅何西对自己的君王欢呼道：

> 赞美你，我的神，是你造就了我，为我指定了美好的事物，是你创造了我……我的赞美和崇敬之情直上云霄，这献给上下埃及之主、"阿吞的光束"、命运之神、赠予生命者、一切律法之主、每个国家的光，人们因看到他而生活……

死后的生命仅仅因心存阿吞这一观念而存在，死者现在可以随国王一起进入阿赫塔吞的神庙，分享祭品。这样的存在不再呈现发展和变化。侍从图图坟墓入口处的天花板上有一处铭文描述了死后的生命：

早上，你从自己的永恒之所（坟墓）起来，为的是瞻仰阿吞。就像你仍寄寓人间时一样，你清洗自己，穿上一件长袍，为的是接受神那完美之人（即国王）"受保佑的超脱者"（hesi en）、侍从图图的生命力（卡）。当你向阿吞祈祷时，他就会保证你的气息，愿他的光线让你的肢体获得生机。你必须起来，忘记疲惫。当你看着他时，他会让你的容颜熠熠生辉，为的是小身中的"涅夫彻佩鲁拉，拉神的唯一"的首要仆从、侍从图图。你应该和他在胡特－本本大殿（在阿赫塔吞的大神庙中）"保佑的超脱者"一样追随他。当你身处真实（玛阿特）之所，你可以亲吻他光束下的地面，为的是侍从图图的生命力。

死后的生命简单明了，没有令人神往的前

景，也不许诺乐土、天堂，没有前往另一个世界。死亡国度就在阿赫塔吞的中心，在阿吞大神庙中，在埃赫那吞世界的中心。

第十四章 诸神陨落

随着时间的流逝，埃赫那吞离自己臣民对宗教的理解越来越远，而完全醉心于阿吞这种纯洁、绝对的理念，这是他做事依从的模范。这种做法十分粗暴，就像弗雷德里希·威廉·黑格尔（Friedrich Wilhelm Hegel，1770~1831）证明历史作为世界精神发展过程时所述："世界历史上的一个个体并不会清醒地想要这个或那个，处处瞻前顾后，而是会毫无顾虑地投身于唯一目标。因此，事实上他们也轻率地对待其他伟大甚至神圣的利害关系，这种做法自然要受道德谴责。但这种大人物在自己的道路上肯定要践踏一些无辜的花儿，定会让某些东西毁坏。"

[《历史哲学》（*Philosophie der Geschichte*），
Kap. Einleitung]

拉美西斯二世（Ramses II）时代（公元前
1279~ 前 1213 年）的一封关于公事的信件残篇
（柏林埃及博物馆纸莎草藏品 3040 号）中提到
了一个男人的死亡日期："他死于异端统治第 9
年。"可能正是在这一年，阿吞神名字的神学意
义改变——"拉是光之国的荷鲁斯"这个说法被
"地平线的统治者"取代，所以教条的王名圈名
字现在变为"拉神长存，这是地平线的统治者，
以其名'父亲拉神，作为阿吞到来'在光之国
欢庆"。阿吞的新名字昭示法老努力把这种一神
教的形式更改得更加抽象，即便太阳神长久以
来受到尊崇的鹰隼形象也并未因此消失，只不
过变得不那么突出、显著；同时，神的父子关
系得到强调。然而，这场变革并没有让旧名称
全然失效，即便在一些纪念碑上人们用意明显
地用新名称遮盖了旧名称，旧名字的轮廓往往
仍旧是可见的。阿吞的两个名字并列的情况在
埃赫那吞统治第 9 年之后也出现过。或许，埃
赫那吞此时试图一边更改阿吞的名字，一边完

全消除人们对旧神的怀念。

太阳神的鹰隼和埃及眼镜蛇继续位居阿赫塔吞人崇拜的少数几种神圣形象之列，而年轻太阳神的象征——圣甲虫则不再具有重要意义。过去用圣甲虫形象修饰印章和戒指是很常见的，现在戒指上只有简单的戒面，上面刻着阿吞和法老的名字。青蛙形状的印章护身符或者刻画着奇异动物的链坠也很常见。曾经，阿门诺菲斯四世／埃赫那吞和自己的先祖一样让人把自己塑造成斯芬克斯，也就是长着狮身人面的形象，而现在，这类形象从法老像的标准形式中被去除。

埃赫那吞关闭了全国的万神庙，一场有组织的毁神运动就此开始，诸神的名字被抹去，由此变成某种"不存在的东西"。整队整队的石匠被送往全国各地乃至努比亚，首先是为了把法老憎恶的阿蒙神像及其名字凿去和抹去，在这件事上，阿蒙神位于底比斯的神庙成了重点破坏的对象。在那些神庙中，他的名字几乎全都受损，就连"阿门诺菲斯"这个名字也被禁止书写。这种破坏是没有限度的，比如就连用楔形文字撰写的信件中的阿蒙神的名字都被删掉了。特别受影响的是哈特谢普苏特女王（Hatschepsut，前1479~前1459年在位）和图特摩斯三世（Thutmosis III，前1479~前1426年在位）的各处圣所。不只是他们的陵庙，图特摩斯三世位于卡尔纳克、用来举办庆典的神庙柱外层金漆以及哈特谢普苏特方尖碑顶和门农巨像上阿蒙神的名字都被抹去。甚至连官员墓中阿蒙神的画像和名字也都被抹去。就连阿蒙神的神圣动物——鹅的图像也被人从底比斯18和55号墓以及卡尔纳克"植物园"中去除。这场神像破坏运动中未受波及的只有帝王谷中的墓葬。在底比斯以外的地区，象岛（Elephantine）上女神萨坦特（Satet）神庙和努比亚很多地方的阿蒙神之名遭到清除，这些都是有案可稽的。这场迫害运动被执行得滴水不漏，就连"schefit"（威望、尊严、敬畏）这个词都被废除，因为书写这个词要使用一个山羊头的象形文字，而山羊头又是阿蒙神的形象之一。哈特谢普苏特女王著名的宠臣塞南穆特（Senenmut）名字中表示穆特女神的符号同样

图 11 蓝色釉陶戒指,上面刻着国王的名字"涅
夫彻佩鲁拉－瓦恩拉"作为图案装饰,直径 2.2
厘米,私人藏品

被抹除。最后,复数形式的"诸神"也都遭到
弃用。

鉴于这项任务如此浩大,个别的神名得以
幸存并不能说是某种宽容的结果,相反,这或
许只是因为工人力不能及罢了。

第十五章 管理国家

很遗憾，我们对阿门诺菲斯四世／埃赫那吞时代的行政程序所知甚少。但可以推测，国家行政管理机构位于孟菲斯，由下埃及的维西尔阿佩尔埃尔领导。不过，根据国内热火朝天的建设情况，可以得出管理机构显然运作良好的结论。除了法老在底比斯与努比亚的建筑工程之外，迅速建造巨大的新都城阿赫塔吞显然是一流的内政业绩。如果国家的行政管理和同时期的经济供应均一切正常的话，如此艰巨的任务几乎是不可能完成的。法老的建设工程并不限于上述地点，而是在全国各地都有案可稽。太阳神过去的圣城赫利奥波利斯成了一个特殊的重点。名为"拉神在赫利奥波利斯升起"的阿吞神庙留下很多带有图画的碎砾。孟菲斯自从新王国时期之初就是国家的军事大本营,人们在那里也发现了一座阿吞神庙的石块。那里的行政长官是伊皮,维西尔拉莫泽的侄子。更靠南一些的美杜姆(Medum)虽然没有保留阿吞圣所的痕迹,但我们知道,这里有过一处这样的圣所,因为一位曾在这座神庙劳作的矿田督管的墓中铭文可以确凿地证明它的存在。梅迪纳特·古罗布 [Medinet Gurob,即法尤姆(Fajum)] 的其他出土文物也可以让人推测,那里曾有一处献给阿吞的圣所。安提诺波利斯(Antinoe)可能曾经建过一处阿吞圣所,这处圣所被国王拉美西斯二世(前 1279~ 前 1213 年)抢占,它的一部分残垣在 19 世纪被发现,其余的残垣经由意大利人的发掘重见天日。在艾斯尤特(Assiut)也发现了一些残块,它们出自一座阿吞神庙,上面可以看到阿吞名字的新形式。此外,在底比斯附近的阿尔曼特(Armant)可能还有一座阿吞神庙。最后,在阿斯旺(Assuan)的采石场地带可以找到各种各样的出土物品。相反，在"冥界之王"奥西里斯的宗教中心阿拜多斯（Abydos）发现的出土文物寥寥可数，可能还是出自阿门诺菲斯三世时代，埃赫那吞可能出于宗教上的原因回避了这座城。

如今，这些宗教建筑只剩下一些残迹可循，因为它们在毁坏纪念埃赫那吞及阿吞崇拜之物的过程中成了牺牲品。尽管后世的一手文献如图坦卡蒙光复旧宗的石碑记叙了埃赫那吞统治时期混乱的经济状况，但这些说法定然带有宣传色彩，几乎不可能符合实际情况。埃赫那吞委派到行政最高层的新人似乎都完全胜任自己的职责，无疑和那些挺过法老清洗运动的官员合作得不错。

第十六章　国界的另一侧

埃赫那吞尽管满腔宗教热情，但还是留意外交局势，尤其是强大的苏庇路里乌玛一世（Supiluliuma I，约公元前 1355~ 前 1320 年在位）统治下的大国赫梯的威胁。因此，在埃赫那吞的政治生涯中，特别是那些出身军旅、后来擢升至国家关键职位的人扮演了重要的角色，阿赫塔吞的墓葬中，士兵的图画比以往的时代更受青睐。埃赫那吞最亲近的圈子中有三位将军，即马雅、拉莫斯和年纪尚轻的帕阿吞纳姆哈布（Paatonemhab，意为"阿吞在欢庆"），他们全都获准在阿马尔纳建造一座坟墓（24 号墓）。既然军事力量是必不可少的，埃赫那吞也就不想拒绝军队为自己服务。和西亚国家的关系也是埃赫那吞关心之事，于是后来他将接待所有国家使节的任务交给了侍从图图。图图可能来自叙利亚，或许掌握了当时通用的外交语言——巴比伦语。

阿马尔纳文书（Amarnabrief）让我们对外交进程有了很好的了解。这是些有字的黏土板，曾经属于阿门诺菲斯三世及其子阿门诺菲斯四世／埃赫那吞的国家档案馆，在阿赫塔吞城被弃时被埋藏地下。很遗憾，这批重要文件确切的出土时间还是一个谜团。1887 年，一位农妇在阿马尔纳的田地——埃赫那吞国家档案馆的旧址——劳作。她在干活时发现了几块黏土板，上面用楔形文字刻着巴比伦语的文段。当地人在这个地方私自挖掘，逐渐让更多的泥板重见天日。当地的农民打算通过商人把他们的"货物"（即泥板）销售出去，于是，1888 年 200 多块黏土板在开罗待售。大英博物馆和柏林埃及博物馆的代表买下了大部分，其他博物馆没敢买，因为它们的负责人认为这些泥板是伪造的。W.M. 弗林德斯·佩特里 1891 年冬季至 1892 年在阿马尔纳进行发掘工作，在这段时间里成功发掘出曾经的国家档案馆，发现了更多的黏土板。至今，已知的黏土板有 379 件，包括王宫与亚洲国家之间数十年间的部分往来信函，其中最早的要追溯到阿门诺菲斯三世执政的最后阶段，而较新的那些贯穿埃赫那吞统治时期。雪花石膏制的标牌证明，这些黏土板曾经被国家档案馆整理得很有条理，还被贴上标签——遗憾的是没有注明日期——保存在木头盒子里，可是发现它们时它们处于杂乱无章的状态，这使我们很难按照时间顺序对一些信件进行编排。几乎所有信件都是用巴比伦语和楔形文字写就的，只有三封是用赫梯语、亚述语和胡里安语写就的。这里既有保存在国家档案馆的埃及王国寄给亚洲君主的信件的复件，也有埃及王室收到的亚洲信函。与亚洲往来通信的内容五花八门，有一封信是关于政治联姻的，另一封则表达了希望把一尊可以产生奇迹的神像寄给阿门诺菲斯三世国王的请求。有些来自亚洲君主的信函从内容上看实质上就是乞求信，让埃及国王给他们送金子。不过，这些信件中自然也提到了外部政治形势，例如报告了一些相互抗争的埃及的州之间的武力冲突事件。特别有意思的是那封米坦尼国王图什拉塔在阿门诺菲斯三世驾崩后写给国王遗孀泰伊的信。在这封信里，他表示希望自己与埃及王室之间多年的友善关系在阿门诺菲斯四世治下能维持下去，请求泰伊对此加以关照。

阿马尔纳时代晚期，埃及在西亚的外交政治形势展现了这样一幅情景：苏庇路里乌玛一世治下的赫梯人——他们的国家在今土耳其一带——对与埃及结盟的米坦尼虎视眈眈，但还是对埃及在叙利亚和巴勒斯坦的势力范围予以尊重。于是，埃赫那吞最开始不觉得有迫切的理由进行军事干涉。更麻烦的是各个更小的城邦和诸侯国的态度，这些邦国算是埃及的州，在地理上却离赫梯王国更近。乌加里特（Ugarit）和比布鲁斯（Byblos）之间的一个小国阿穆鲁（Amurru）——如今是北黎巴嫩的一部分——的国君阿吉鲁（Aziru）和奥龙特斯河（Orontes）畔的卡迭石城邦（Kadesch）邦君艾塔卡马（Aitakama）在政策上见风使舵：阿吉鲁首先表现得特别亲赫梯，由此损害了埃及的利益，所以被传唤到法老的宫廷，这位君主在那里装出一副特别诚恳的样子，得以使法老让他返回阿穆鲁。然而，刚一回国，和不久以前卡迭石邦君艾塔卡马的所作所为一样，他完全转入赫梯阵营。埃及出兵讨伐艾塔卡马，这让赫梯国王也行动起来，于是后者突袭了埃及位于叙利亚北部的阿姆卡（Amka）州。两个附庸国的叛离发生在埃赫那吞统治时期的尾声，由此这个阶段的埃及面临棘手的外政局势。但埃及在亚洲的统治地位直到埃赫那吞死后才受被削弱，确切说是在比布鲁斯城邦君主里巴蒂（Ribaddi）——埃及的一位坚定忠实的拥护者——被赶下宝座之后。

努比亚方面发生的外交事件则大不相同。努比亚自新王朝以来通称为"库施"，这一地区长期以来作为原材料供应地对埃及有着无法估量的重要意义，它位于阿斯旺以南，沿着尼罗河发展、延伸。

阿门诺菲斯四世／埃赫那吞和他之前的其他国王一样，在努比亚大兴土木，这一方面是为了埃及的荣耀，另一方面是为了展示力量，以便控制这片居民常常造反的土地。在统治的最初几年，阿门诺菲斯四世开始进一步扩建瑟斯比城（Sesibi），这座城位于尼罗河西岸，在第二瀑布和第三瀑布之间。这座城中的神庙可能还是为底比斯三联神阿蒙、穆特和孔斯修建的，不过这里也出土了其他神像，如奥西里斯和阿图姆、阿门诺菲斯四世及王后纳芙蒂蒂的雕像。后来，人们毁坏纪念埃赫那吞的东西时，阿门诺菲斯四世夫妇的雕像被挖掉。再往南一些，阿门诺菲斯四世又在第三瀑布和第四瀑布之间修建了卡瓦（Kawa）这个地方——它的古埃及名字是"格姆帕阿吞"（意为"找到了阿吞"），此外还让人对努比亚已有的神庙进行了扩建。

埃赫那吞统治期间，努比亚发生了一场暴动，这场暴动被总督图特摩斯镇压。第二瀑布近旁的布亨神庙（Tempel von Buhen）中立有一尊胜利纪念碑，这尊纪念碑上注明的日期是埃赫那吞执政第12年，阿赫特季（Achet-Jahreszeit，即洪水季）第3个月第20日。在提到了国君名字的寻常开篇之后，碑文说道：

陛下在阿赫塔吞现身于其父阿吞的宝座上，就像拉神每日出现在天上和人间，此时有人来向他报告：伊克特（Jket）地来的敌人［阿拉奇干谷（Wadi Allaqi）那里有一处淘金者集聚地，这条干谷是东方沙漠游牧民族前来侵袭时的入口，很危险］意图反叛埃及！他们已经侵入努比亚，要为自己的生计掠夺财物！……于是陛下给库施王子和南方诸异国总督下达指令，令其集合一支军队，去打败伊克特地区来的敌人，无论男女。人们在河东侧、"采石场水塔"（Steinbruchzisterne，未知地名）的北边发现了敌人。君主有力的手臂一瞬间就擒获了他们，在沙漠中展开了一场大屠杀，逃窜者被击倒，仿佛从未存在。伊克特人心中自负，但君主这头狂野的狮子按照自己父亲阿吞的命令屠杀了他们，勇敢无畏，强大有力。

敌人总共有大约 500 名战士：370 人（男人、女人和儿童）在战斗中死去或被擒获。埃赫那吞无情地虐待敌人，为首者被用残酷的刺穿刑处死，或者就像阿赫塔吞一块浮雕（牛津大学阿什莫林博物馆，编号 1927.4087）上展现的那样，被捆缚在战车上。即便根据这篇碑文，埃赫那吞还称不上伟大的军事统领或者战略家。这里也显示他并非空想家，是可以目标明确地运用掌握在自己手中的军事力量的。

讨伐努比亚后没过几个月，埃赫那吞的对外政治就达到顶峰：外国使节来到国都阿赫塔吞，为的是把自己国家的贸易产品当作贡品呈献给他。阿马尔纳两座岩石墓穴上的浮雕记叙了这一事件，其中一座墓属于王太后泰伊的宫廷总管胡伊亚（1 号墓），另一座属于王后纳芙蒂蒂的宫廷总管梅里拉（2 号墓）——不应把这里的梅里拉和同名的阿吞大祭司混淆。因为这些生动的图景，我们可以很好地想象佩瑞特季（播种季，冬季）第 2 个月第 8 天举办的这场节庆。外国代表团在建于阿吞大神庙北侧围墙上的那间阁子（图注 12）中得到接待。埃赫那吞和纳芙蒂蒂端坐在华盖下，六位公主位列身后。国内高官向法老一一介绍各国代表团，而这些代表团毕恭毕敬地上前觐见。为了这一天的庆祝活动还举办了一些竞赛活动。胡伊亚墓穴浮雕对这场节庆做了记叙：

> 上下埃及的国王涅夫彻佩鲁拉、拉神的唯一，还有大王妻涅夫彻佩鲁拉·纳芙蒂蒂，愿她永世长存，他们端坐在银合金的轿子上，接受来自叙利亚和库施、来自西方和东方的礼物。所有异邦代表齐聚一堂。就连地中海的岛屿都为阿赫塔吞大宝座上的法老献上贡金，这样才能让法老因收下贡金而赐予他们生命的气息。

第十七章　日落之前

从阿马尔纳时代的一些浮雕中，可以看到埃赫那吞与纳芙蒂蒂和他们的女儿们在一起。这些浮雕展现给我们一个幸福家庭生活的景象，即便这些画面可能是带有部分宣传色彩的。王太后泰伊也被算作家庭的一分子。王太后泰伊的宫廷总管胡伊亚的墓穴装饰画描绘了为了对她表示尊敬而举办的国宴，这场宴会可能举办于埃赫那吞执政第 13 年。我们看到，泰伊坐在左边，她的外孙女巴克塔吞（Baketaton，意为"阿吞的女佣"）——可能是她某个女儿的孩子——站在她旁边，形象比较小。正中央端坐着埃赫那吞，面向他的母亲，他身后是王后纳芙蒂蒂。两位公主分别站在自己母亲的椅子前面和旁边。泰伊作为王室一员，在阿赫塔吞也拥有一间自己的"日影"祈祷室，正如胡伊亚墓穴中另一幅浮雕告诉我们的那样。这个场景中上，埃赫那吞和他的母亲庄重地穿过这座神庙祈祷室外面的双塔式门，而巴克塔吞跟在他们后面，手里拿着一束花。

埃赫那吞执政第 12 年，王后纳芙蒂蒂诞下他们的第 7 个孩子，是一个男孩，取名图坦卡吞（Tutanchaton）。这个孩子是不是埃赫那吞亲生儿子这个问题，已经通过对孩子名字的选择得到解答。迪特里希·韦尔东（Dietrich Wildung）写道："我感觉，具有决定意义的正是出生名图坦卡吞——'阿吞活着的写照'，它只可能被赋予法老的孩子，因为阿马尔纳神学的核心原则之一就是法老是阿吞神在人间的、'活着的'写照。用这种神学语言去指代一介平民是不可想象的。我们甚至还可以从这个名字中得出更多信息：它包含有权登上御座之意，因为只有正在执政的国君或者他的假定继承人才有权作为阿吞'活着的写照'。"作为埃赫那吞和王后纳芙蒂蒂的儿子，小王子兼王位继承人得以拥有一间自己的"日影"祈祷室，这间祈祷室的一块残垣上留有一段祈祷词（见图2）：

> 伟大的鲜活的阿吞，度过众多周年庆典，日轮环抱的一切的主宰，天空之主，大地之主，在国王的亲生儿子图坦卡吞位于阿赫塔吞的"日影"祈祷室中。

图坦卡吞的"日影"祈祷室中展示的是阿吞以前的名字，也就是说，即便在这位神祇改名（埃赫那吞执政第9年）后人们仍继续使用旧名。

在位13年后，王室遭到沉重的打击：埃赫那吞执政第14年，公主纳芙纳芙鲁拉和赛特潘拉，随后不久显然还有她们的姐姐——10岁的玛可塔吞接连夭折。从一幅保存得不是很好的王陵 α 室浮雕中，可以看到玛可塔吞仍在为自己的妹妹哀悼。但随后她的棺椁也被放在一个滑橇上，被牛车运往王室家族陵墓。葬礼上，首饰、衣

服、器皿、化妆用具、菜肴和塑像等随葬品也
一同下葬，因为新的阿吞宗教遵循了传统葬礼
的外在形式，只在开支和过程上和过去的葬礼
有少许不同。此外，从复原的破碎的、为玛可
塔吞制作的粉色花岗岩陵墓神龛（发现于 α 室，
β 室中没有任何摆设）中，她本人还很小，被
放入一个儿童棺材。这样一来，玛可塔吞是死
在产床上的这一广泛流传的假说就站不住脚了。

但阿吞对幸福和悲伤的人一视同仁，就连
埃赫那吞与王后纳芙蒂蒂都不得不忍受离别之
苦。γ 室浮雕中，柔弱的公主躺在棺架上，埃
赫那吞夫妇俯着身子，悲痛欲绝。如此动人心

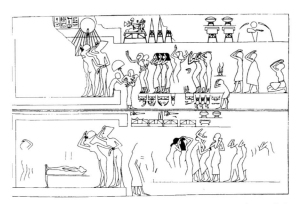

图 12 根据王室陵墓 γ 室两组浮雕绘制的示意图，图中人们在哀
悼夭折的玛可塔吞公主

弦的画面对于埃及来说极不寻常。此前的绘画艺术中从未出现过正在哀悼的法老及王后，而两人在痛苦中互相扶持。

在这里，法老夫妇身上散发着人性之光，用深切的悲痛为臣民做出了表率。而且，如果和过去的送葬图比较，这些今天如此打动我们的场景描绘了人们面对夭折的孩子，在内容上没有宗教意味，这里出现了一种巨大的变化：没有神祇引导死者进入死后的世界，引导其加入诸神和极乐世界中的死者行列。这样一来，埃赫那吞在自己女儿葬礼中也传达了一种宗教讯息，即对人间世的绝对肯定。无论是年老还是年轻，对于死者来说，一切都是持久的；小公主最后一次示以生者的死亡状态会永世长存，永远不再改变。在此，死亡确实被当作死亡接受。

我们看到，灵堂之外，小太子图坦卡吞和他的奶妈一起身处哀恸的宫臣中间，他们之前在灵堂里，现在图坦卡吞被人从里面抱出来。一位宫臣在图坦卡吞面前深深地躬下身子，强调了他作为未来法老的高贵地位。铭文写道：

"图坦卡吞，法老亲生的儿子，他的爱子，大王妻纳芙蒂蒂所生，愿她永世长生。"［马尔克·加博尔德（Marc Gabolde）翻译及补充］。所以，这里又出现了一个图坦卡蒙是埃赫那吞和纳芙蒂蒂亲生儿子的证据。

埃赫那吞在位 14 年后，王后纳芙蒂蒂的名字就不再出现于我们拥有的原始资料中。诸如失宠、流亡、对埃赫那吞谋反或者共同执政这类令人眼花缭乱的假说与这种情况联系到一起。然而，进行这些推测是无益的，因为"对于可以用简单猜测解释清楚的东西，尝试复杂的想法是徒劳无益的"，正如威廉·冯·奥卡姆（Wilhelm von Ockham，1287~1349）所说。所以，我们不如下这样的定论：这位生下七个孩子、饱经磨难的王后在埃赫那吞执政第 14 年或者第 15 年去世，正如当年埃赫那吞在界碑上宣布的那样，在王室墓地得到最后的安息之所。墓中少数几处仍然保留的铭文中，王后纳芙蒂蒂的名字出人意料地出现了很多次，这似乎也暗示她葬在此处。此外，一个破碎的死亡人俑保存了下来，它给王后辞世这个事实盖棺定论，这个人俑由克里斯蒂安·E.略本于1986年公开。人俑上面的文段把王后称作"受保佑的超脱者"。曾与埃赫那吞分享巨大权力和神性的纳芙蒂蒂身后留下一片真空，两位公主——梅丽塔吞和安克森帕阿吞占据了这片虚空，她们晋升为王后。有人出于国家利益至上的原因，断定这两段父女婚姻中有过孩子。然而，即便较早的文章书籍做过这样的假定，这些孩子其实也从未存在。沃尔夫冈·海尔克（Wolfgang Helck）恰当地把他们称为"幻影孩子"。

第十八章　基雅——纳芙蒂蒂阴影下的贵妃

纳芙蒂蒂死后，一位王妻受到重视，我们知道她有"基雅"（Kija）这个名字。此前这位基雅从未出现过，纳芙蒂蒂活着的时代流传下来的画像中没有哪幅可以确定是她的。她至少给埃赫那吞生过一个女儿，这个女孩取名梅丽塔吞－塔舍丽特（Meritaton-tascherit），即"小梅丽塔吞"。

尽管有几个带有她名字的方解石油膏容器和放化妆品的小瓶保存了下来，但这些东西的年代已经无法确定——它们或许带有阿吞的旧名字，但正如上面所述，仅此还不能断定它们来自埃赫那吞执政第 9 年之前的时代。"基雅"名字的其他凭证也带来一些问题。比如，有些容器铭文中有"贵妇"（ta schepset）这一头衔，这个头衔和一个没有完整保存下来的残缺人名联系在一起，被理解为"从属于该人"。然而，基雅从未正式使用过这个头衔，"基雅"这个名字的缀饰也值得商榷。相较而言，一条标注提到了埃赫那吞执政第 14 年至第 17 年间"王妻的一处农庄"（hemet nesut），这倒绝对有可能指的是她。

基雅的出身也不确切。她有可能是来自米坦尼的塔杜刻帕公主。阿门诺菲斯三世在自己统治的第 36 年把图什拉塔国王的这个女儿纳入王家后宫时，她大约 15 岁。然而，阿门诺菲斯三世和塔杜刻帕之间可能没有实质婚姻关系，因为国王在这个时候已经身患重病，年老体弱。他驾崩后他的儿子可能把塔杜刻帕公主收入了自己的后宫，成为其中很有影响力的一员。她父亲写给泰伊王后的悼信（阿马尔纳信函，EA 29）让人断定，他的女儿留在了埃及，没有返回米坦尼。

那个时代由于联姻政治，后宫中外国嫔妃

及其随从的比重并非微不足道。此外，一位外国公主如果留在后宫，她是完全可以保留自己的名字的，但如果她作为正式的王妻从后宫中出来，面向公众，那就不可以了。

一些证据说明，纳芙蒂蒂死后塔杜刻帕获得了一个新身份，而且在晋升到伴随国王左右的位置后——按照托马斯·施耐德（Thomas Schneider: *Asiatische Personennamen*, 207 f.）的说法，她开始使用埃及语短名字——基雅。她倒没有使用"大王妻"这个头衔，而是在正式场合被称作"王妻"（hemet nesut）和"贵妃"。她的名字也从被没写到王名圈中，这或许意味着国王仍然赋予神一样的纳芙蒂蒂独一无二的地位。不过，除此之外，虽然没有"大王妻"的头衔，但基雅还是依其地位在系列图画中获得和"大王妻"一样的待遇，她在画面中和埃赫那吞在一起，两人向阿吞神献祭。在哥本哈根嘉士伯艺术博物馆的一块浮雕（编号 AE. I. N. 1797）上，她也是如此。

基雅在这些图画上很好辨认：她经常头戴努比亚式假发。假发分五层缝在一起，发梢斜垂额前，有时几乎触及锁骨，由此后颈空出很大空间。阿马尔纳人很喜欢戴努比亚式假发，无论是男人还是女人。此外，基雅还用圆盘形的耳环装饰自己。没有哪张确定是她的全景画留存下来，仅有纽约大都会艺术博物馆那块残缺的黄色碧玉头像（编号 26.7.1396）和柏林埃及博物馆那个仅有 11 厘米长但富有表现力的石英岩小型头像（编号 21245），根据多萝西娅·阿诺尔德（Dorothea Arnold: *The Royal Women of Amarna*, 37 ff.）和迪特里希·韦尔东（*Faraón: el culto al sol en el antiguo Egipto*, 131）的研究，这两座小像应该是属于她的。基雅似乎是个美丽的女子，有一张非常妩媚又柔和的面孔，双唇饱满，下巴相当明显。她在玛鲁－阿吞分得宫殿和一间"日影"祈祷室，这明确说明她融入了王室，成为王室家庭一员。基雅也以慈母的形象示人，正如阿马尔纳宗教模范应该做的那样。在纽约布鲁克林博物馆的一块浮雕（馆藏编号 60.197.8）中，她就是王后的形象，佩戴冠冕，前额上是一个埃及眼镜蛇装饰物，正在亲吻自己的小女儿。光芒四射

图13 艺术家绘制的草图，图中埃赫那吞头戴努比亚式假发，假发的带子似乎在风中飘动，为石灰石碎片，1891年出土于阿马尔纳，高14厘米，弗林德斯·佩特里藏品

图14 基雅王后的小型石英岩头像，1912年出土于雕塑师图特摩斯的作坊，高11厘米，柏林埃及博物馆藏品

的阿吞神亲自将生命之符递交给国王夫妇。一副原本为埃赫那吞打造的金棺后来被改造作为法老赛门卡拉的棺椁，赛门卡拉被葬在帝王谷（55号），这座金棺的底座上有12行象形文字，

其中包括一首爱情诗，是基雅献给自己的夫君的：

> 我呼吸那令人精神焕发的气息，
> 它来自你的嘴里。
> 我每日看到你的美。
> 只愿在北风中听到你悦耳的声音，
> 愿我越活越年轻，出于对你的爱情。
> 把你那双持着你的生命力量的手交
> 给我，
> 让我握住它们，靠它们生活。
> 愿你永远呼唤我的名字，
> 不要让它从你口中消失。
> 我的主人埃赫那吞，
> 你永生永世在我这里，
> 因为你像太阳一样鲜活。

至少在埃赫那吞生命的最后几年及他死后的岁月里，基雅在阿马尔纳扮演的角色越来越重要。

第十九章　法老驾崩

　　埃赫那吞统治的最后几年没有留下确凿的
资料，唯一例外是萨卡拉的一处参观者涂鸦，
这处涂鸦出自一位教师及其学生，他们在埃赫
那吞执政第 14 年来参观萨卡拉阶梯金字塔一
带，当时这座金字塔已经有 1300 年的历史。埃
赫那吞执政第 16 年，埃及对外政治局势异常紧
张，尤以赫梯人入侵北方为甚。在这段时间里，
埃赫那吞于自己统治的第 17 年初即公元前 1335
年阿赫特季（洪水季）第 2 个月驾崩。按照儒
略历，我们可以把死亡日期确定在 8 月 22 日和
9 月 20 日之间。他的葬礼在阿赫塔吞的王家岩
墓中举行，但这座岩石墓穴此时还未完工（见

阿马尔纳的埃赫那吞陵墓结构 /26 号墓穴示意图）。这里安葬着他的四个女儿（小纳芙纳芙鲁阿吞只比玛可塔吞多活了很短一段时间）、他的大王妻纳芙蒂蒂和他的母亲泰伊。王陵中泰伊石棺的残片已发掘出土。

埃赫那吞的花岗岩石棺如今已经破碎。这副石棺长 2.85 米，宽 1.25 米，高 1.32 米，安置在井道（D）另一侧的墓室（E）中，被推到陵墓的轴线侧边。如今，这副石棺藏于开罗博物馆。石棺四角均为半立体半平面造型，象征着王后纳芙蒂蒂在太阳神阿吞的光芒下，作为具有神性者拥抱、守护她的丈夫。也就是说，她在这里占据了过去属于伊西丝、涅菲提斯（Nephthys）、奈特（Neith）和塞尔克特（Selkis）的位置。在埃赫那吞那尊雪花石膏卡诺卜坛（Kanopenschrein）中也只发现了一些碎片，散落在王陵中。浮雕上画着拉—哈拉克特—阿吞鹰，它张开的翅膀有一部分重合在一起，守护、环抱着祭坛。几只鹰立在坛子上的横饰带上，这条带由表示"守护"的符号和"杰德"符号组合而成。祭坛王名圈中写的是阿吞的旧名字。

随葬品包括大量破碎的人俑，大多是在通道（A）里被发现的。借助这些人俑的碎片复原了埃赫那吞的身体，不过四肢没有分节，呈现的是他在仪式中涂了香膏被制作成木乃伊的样子，透出那种被埃及人称为"令人敬畏的"（sah）气质。埃赫那吞手持弯杖、鞭子或者安卡符，额头上是埃及眼镜蛇装饰物。这些人俑分为四种不同的类型：（1）戴着法老头巾（nemes）的人俑；（2）戴着兜状帽子（chat）的人俑；（3）戴着三段式假发的人俑；（4）戴着努比亚假发的人俑。这些小塑像的文字中只有法老的名字，偶尔有些简短的修饰，如"生前伟大"或者"达诚申信"。所有这些小塑像可能共同组成一个有魔力的符号，象征埃赫那吞在冥界的持久统治。然而，根据他的理论，冥界存在于人间界。我们绝不应把这些人俑和如今被我们称为"乌沙布提俑"（Uschebti）或者"冥界工人"的人俑混淆，根据一段写在它们身上的文字，后者需要在冥界干一些令人厌恶的活。

埃赫那吞驾崩后，他的阿吞宗教开始走下坡路。阿马尔纳的这一插曲显示了完结的先兆。

图15 埃赫那吞一个戴法老头巾的人俑的头部残片，棕色石英石，高 7.5 厘米，私人藏品

埃赫那吞死后就不能继续产生影响力了。他完全按照自己的神向自己默示的意志来创造宗教概念，却置自己臣民的需求于不顾；他把人贬低为自己宗教的工具，削减为纯粹的"赞美和弦"。现在很多人不想继续低三下四地充当蝼蚁。神之子兼神的代言人死后，他们打算消除阿吞和人之间遥不可及的距离，渴望与他们的众神重新亲密无间。

从世界史的角度观察，埃赫那吞是一个不世出的天才、一个有艺术家特质的人和一个有影响力的先知，创建了一个新的宗教，而且是人类史上第一个一神宗教。这是他历史性和开创性的伟大功绩，同时也是他的悲剧。他废除了所有神明，甚至废弃了埃及那个遍布精怪神灵的冥府，在人间创造了一个由自己统治的、阴影般的存在，以便取代冥界，这样一来他自己就成了自己宗教的敌人，因为他证明这个宗教是荒谬的，毕竟人是渴求超感觉的东西的。如果没有亲身建立神与人之间的关系，人们对埃赫那吞提供的宗教观念就毫无头绪；一个不允许人和超然存在之间进行对话的宗教是无法得到信徒的。解脱、悔过和赎罪这样的概念或者在基督教或伊斯兰教中占主导的形而上观念不存在于埃赫那吞的世界观中，阿吞神用自己的光线持续照亮一切，直到最后一个角落。就这样，埃及重新回到自己在宗教上的原点；埃赫那吞则成了那些即将出现的宗教的先行者，不过当然没有证据证明他对犹太教或基督教产生了直接影响。

第二十章　混乱无序

埃赫那吞驾崩后埃及面临严重的问题，首先是王位继承问题。图坦卡吞作为埃赫那吞唯一的儿子是他的合法继承人，但他才四五岁。于是国王的遗孀基雅和埃赫那吞的长女梅丽塔吞之间展开了权力斗争。有证据表明，埃赫那吞死后，有意夺权的基雅还活着，一坛供给王室的酒上的铭文"（埃赫那吞）17年，王妻私产酒，来自南方绿洲，愿她长生"可以证明这一点。然而，她不仅试图争夺宝座，还努力与此时正与埃及作战的赫梯人求和，由此巩固自己的权力。于是，她给赫梯国王苏庇路里乌玛一世送去了关于密谋造反的信息，这让她处于危险之中。这一事件以埃及王后头衔命名，即著名的"塔哈门祖"丑闻（"Tahamunzu"-Affäre，头衔来源于"ta hemet nesut"一词，意为"国王的妻子"）。赫梯国家档案馆的许多文件构成这一事件最为重要的原始资料，其中最知名的文件为《苏庇路里乌玛的男子汉业绩》（*Die Mannestaten des Suppiluliuma*）。这份文件由最小的王子，即后来的法老穆尔西里斯二世（Mursilis II）撰写，从中可以了解埃赫那吞时代的最后一个阶段：

> 埃及步兵团和骑兵队出现在被我父王征服的卡迭石地区，进攻卡迭石……然而，获悉（埃及行省）阿姆卡遇袭后，埃及人害怕起来。加之他们的国王纳普楚尔楚利亚（Napchurchuria，源自埃赫那吞的王位名"涅夫彻佩鲁拉"）驾崩，埃及王后即王妻给我的父王送来一位信使，给他写了这样一封信："我的丈夫去世了，我膝下无子。但人们告诉我，你有很多儿子。如果你派其中一个儿子来我这里，他可以做我的丈

夫。我不愿嫁给一个仆人，让仆人做我的夫君……"

苏庇路里乌玛一世首先着手调查情况，因为他无论如何也不愿落入埃及人的骗局之中，但是在收到了埃赫那吞遗孀的第二封迫切的信件后，还是满足了对方的心愿，把自己的儿子赞南扎（Zannanza）送往尼罗河畔。

然而，这段时间里梅丽塔吞也没闲着，她已经攫取权力。她通往王位之路肯定是她的外祖父阿亚——这个国家的背后操纵者——铺就的。梅丽塔吞采用了女性化的王名——"安彻彻佩鲁拉"（Anchetcheperure），意为"具有众多鲜活形体者，一位拉神"，并加上"梅丽特·瓦恩拉"（merit waenre）这个修饰，意为"拉神的唯一，所爱之人"。"拉神的唯一"在这里指的是埃赫那吞，他即使死后也仍然是世界的最高统治者。梅丽塔吞为自己选定的第二个王名是她的母亲纳芙蒂蒂使用过的，即"阿吞是最完美者"。伦敦大学学院有一尊引人注目的石碑，是用碎片成功拼起来的，呈现给我们的是年轻的女王梅丽塔吞，附注的王名是"安彻彻佩鲁拉"和"纳芙纳芙鲁阿吞"，陪伴在她身边的是她的妹妹安克森帕阿吞。她们站在端坐于王位之上的埃赫那吞面前，埃赫那吞身后是纳芙蒂蒂，她笔直地站立着。两个女儿向父王和母后鞠躬行礼。这是一幅生者向死者道别的图景。同时，这里也显现了一种延续的意志，这是一种决心，确保埃赫那吞的宗教革命不被终结，继续得以进行。

梅丽塔吞登基后，我们就没有基雅的信息了，也无法知晓她女儿的命运。梅丽塔吞则无情地破坏了纪念基雅的东西。她接管了基雅的宫殿和她位于玛鲁－阿吞的"日影"祈祷室。此外，她还命人修改了基雅的画像，努比亚式假发被改为侧边辫，指代基雅的文字说明被凿去，以便它们日后会被视作她自己的画像。不仅如此，她还命人杀害了正在前往埃及的赫梯王子赞南扎。赫梯方面证实了这场谋杀："我父王送了自己的一个儿子给他们后，他们把他引过去，然后杀害了他。于是我的父王大发雷霆，突袭了埃及。"儿子的死对于苏庇路里乌玛一世

图 16　梅丽塔吞女王石膏头像，
1912 年出土于雕塑师图特摩斯
的作坊，高 20 厘米，柏林埃及
博物馆藏品

来说是个信号，意味着他可以令整个军事体系
以尼罗河国度为目标运作。随后的多次战场交
锋不仅让埃及失去了亚洲霸主的地位，还让一
场可怕的瘟疫渐袭埃及。

　　为了在这些情况下维持国家稳定，梅丽塔
吞和一个名叫赛门卡拉（前 1335~ 前 1332 年在
位）的年轻人结了婚。我们对此人的出身一无
所知，但他可能来自王室的一个旁支。通过这
场婚姻，梅丽塔吞也让赛门卡拉获得了登上王
位的合法权利。如今，图坦卡吞和赛门卡拉是
兄弟这个假说，我们已经可以完全排除。赛门
卡拉采用了梅丽塔吞王名的男性形式"安克彻

佩鲁拉"（Anchcheperure），在政治上十分谨慎地向底比斯和阿蒙崇拜靠拢。不过阿吞神一开始仍没有失去重要性，这一点从阿马尔纳纳芙蒂蒂王后宫廷总管梅里拉的墓室（2号墓）浮雕中可以看出。北边墙上画的是年轻的国王夫妇沐浴在阿吞的光芒下。

两人都享国日短，赛门卡拉有迹可循的纪念碑最晚建于他在位第3年，梅丽塔吞则似乎先他而去。赛门卡拉死时在18~23岁，这个时期宗教方面一片混乱，对外政治困难重重，驾崩的国王被匆匆葬在底比斯西边一个简陋的陵墓中，这座陵墓于1907年被英国考古学家爱德华·拉塞尔·埃尔顿（Edward Russel Ayrton，1882~1914）发现，被编录为55号。正如陵墓入口的印记所证，葬礼是由法老图坦卡吞操持的，现在轮到图坦卡吞——这位埃赫那吞之子合法继承王位。人们把赛门卡拉被制成木乃伊的尸体安放在一副豪华的金棺中。这副金棺过去是为埃赫那吞打造的，或许出于宗教原因没有用来安葬他。埃赫那吞的名字被人小心地抹掉，慕尼黑国立埃及艺术博物馆对这副金棺进行的科学研究可以确定这一点。死者的内脏被装进四个具有高超艺术性的雪花石膏卡诺卜坛中，坛盖是一个女性头像，戴着努比亚式假发，装饰着后来加上去的王室埃及眼镜蛇标志。这些坛盖存在加工的痕迹，因为它们曾经是基雅陵墓中的摆设。这些容器上的铭文虽然被细致地抹掉，但罗尔夫·克劳斯（Rolf Krauss, "Kija - ursprüngliche Besitzerin der Kanopen aus KV 55", *Mitteilungen des Deutschen Archäologischen Instituts Kairo* 42, 1986, pp.67 - 80）根据对这些卡诺卜坛（其中三个位于开罗博物馆，一个位于纽约大都会博物馆）进行的一系列精密研究，成功还原了被刮掉的文字。这段文字中，在法老和阿吞的旧名字之后写着：

> 基雅，愿她永生！靠真理生活的上下埃及法老、活着的阿吞完美无缺的孩子埃赫那吞——他将永生，现在如此，亘古不变——的王妻和贵妃。

第二十一章　图坦卡吞和不堪重负的遗产

通常情况下，法老的孩子出生后会安排一位负责喂奶和看护的奶妈，这个奶妈大多是某位高官的妻子。因此，阿兰·吉维（Alain Zivie）在萨卡拉发现的图坦卡吞的"王家奶妈"玛雅（Maja）之墓及其夫"阿吞神庙宝库抄写员"雷伊（Ray）之墓可以证明图坦卡吞的地位。还有一件出土文物也可以让我们了解图坦卡吞的少年时代，那就是1988~1990年悉尼的博尤·G.欧金加（Boyo G. Ockinga）在艾赫米姆附近索哈杰（Sohag）的"红修道院"（Roter Kloster）以西2公里处挖掘的"神父"森纳杰姆（Sennedjem）的墓，而"神父"这个头衔不仅可以表示"岳父"，还可以表示"太子的教育者"。这次考古发掘很有分量，不仅因为森纳杰姆享有一系列国家最高头衔，如"储君"和"王右侧执拂尘者"，还因为如这里的铭文所述，他是小王子图坦卡吞的指导教师和"指导教师总长"（Chef der Studienleiter）。森纳杰姆有可能和阿亚有很近的亲戚关系，甚至可能就是阿亚的一个儿子。小王子图坦卡吞可能在即位之前都是在艾赫米姆度过的，受他的监管，也是在那里为自己的帝王之业做准备。

加冕为王时，图坦卡吞才9岁（或者10岁），他使用的王位名是"涅布彻佩鲁拉"（Nebcheperure，意为"因多种形态而为主，一位拉神"）。公元前1332~前1323年，他试图小心翼翼地采取修复性政策，使旧神和阿吞并存，而后者仍然在宗教生活中扮演领袖角色。所以，阿赫塔吞最开始仍然是全国的中心，图坦卡吞和他的大王妻兼姐姐安克森帕阿吞就居住在这里。他统治的第2年或第3年，埃及逐步回归过去的信仰。在这种秩序下，阿蒙神重新占据首要地位。这种回归也体现在法老名字的改变上。还是在阿赫塔吞时，年轻法老的名字就改为了图坦卡蒙，即"阿蒙活着的写照"。王后现在也不再叫安克森帕阿吞，而是安克森帕阿蒙，意为"她为阿蒙而活"。这场复辟进行得十分谨慎，正如如今保存在柏林的那块纪念碑（编号14197）展示的那样。在这块纪念碑上，法老站在阿蒙神——"万神之王"和穆特女神——"天与地的女主人"面前，但他在这里仍然使用"图坦卡吞"这个名字。

不久之后，年轻的法老离开了阿赫塔吞，举朝迁往孟菲斯。几年前刚刚建好的屋舍被封闭，东山上修建的岩石墓一直没有被使用。这座曾短暂作为埃及都城的城市解体，不只是出于宗教上的原因，也是因为棘手的对外局势。因此，之所以选择孟菲斯，也是因为它在地理上位于上下埃及之间的有利地带，从大约公元前1500年开始就是军事中心。相反，不能说这个选择是过去的阿蒙祭司团对法老施压的结果，毕竟阿蒙祭司肯定会选择底比斯这个阿蒙崇拜的中心作为国都。法老在孟菲斯颁布了一道法令，这道法令保存在所谓的"复兴碑"

（Restaurationsstele，藏于开罗博物馆，编号34183）上，内容如下：

因为当陛下作为王现世时，

从象岛至尼罗河三角洲潟湖，

所有神庙都即将被遗忘

诸神的圣地都在没落，

即将变成荒草遍地的瓦砾堆，

他们的神殿宛若虚无，

他们的庙宇被夷平为一条小路。

国家生了一场重病，

众神不再关心这个国家。

如果派军队前往叙利亚，

以让埃及的疆域更加宽广，

这次征程就得不到丝毫成果。

如果我们为了询问建议而向一位神祇祈求，

他绝对不会过来，

如果我们以同样方式向一位女神祈求，

她也绝对不会过来。

现在旧神重新掌权，全国各地乃至努比亚大兴土木，为的是尊崇他们。这些重要的政治和宗教决策自然不是年轻的法老做出的，治国方针由两个人——阿亚和霍朗赫布（Haremhab，意为"荷鲁斯在欢庆"）——决定。已经年迈的阿亚身为维西尔，是国内最高法官和行政官员，因为具有多年行政实践经验，又与王室关系密切，似乎手握真正的摄政权。然而，他不得不和较为年轻的"大元帅"和"统领诸国的国王副手"霍朗赫布分享权力。霍朗赫布的出身和他是如何飞黄腾达坐到这个领导位置一样，我们都不甚清楚。他有可能就是埃赫那吞的宠臣、军事首领帕阿吞纳姆哈布（意为"阿吞在欢庆"），在恢复旧制的过程中把自己的名字改为了霍朗赫布。阿亚和霍朗赫布的关系很难评价，但丝毫没有证据表明两人从一开始就彼此争斗，毋宁说两人似乎直接协作，追求共同的政治目标。

外政方面，"大元帅"霍朗赫布负责埃及的边境安全。他对逼近的赫梯军队采取了一些军事行动，试图至少部分保住原先埃及在亚洲的霸主地位。他可能曾率领一支军队讨伐努比亚。

阿亚和霍朗赫布这两位摄政者身边有许多能臣辅佐，但埃赫那吞的重臣中保留职位和卓越地位的只有少数。"宝库主管"兼"建筑工程负责人"马雅得到一个显赫的职位，"阿蒙大祭司"这个再次变得重要的职位由帕伦涅法占据，此人位于底比斯西侧的坟墓在临近 20 世纪末时被发掘。值得注意的是，这个时代，重臣的陵墓大多位于孟菲斯，只有少数位于底比斯。霍朗赫布还在担任军事统领时就让人给自己在孟菲斯建造了一座陵墓。这座陵墓于 19 世纪被人发现并被洗劫，随后很长一段时间下落不明，直到 1975 年一支英国和荷兰联合考察队在杰弗里・T. 马丁（Geoffrey T. Martin）的主持下将其重新发现。由墓中的铭文可知，霍朗赫布强调自己仅次于法老的重要地位。

图坦卡蒙在统治的第 10 年就驾崩了，他陵墓中酒罐上的铭文也证实了这一点。从对他的木乃伊进行的医学研究可知，他死时只有 18~20 岁。由于他没有留下子嗣，第 18 王朝的血脉由此中断。关于图坦卡蒙的早逝，我们如今可以断定，他并非一场暗杀的牺牲品，而是很有可能死于传染病。有可能恰好就是那些年里在西亚肆虐的瘟疫，或许是外国士兵把它带入了埃及。人们根据木乃伊头骨上的伤推测图坦卡蒙死于谋杀，如今我们确定，这伤是法老死后被制成木乃伊时造成的。

年轻的法老如此出人意料地驾崩之时，新王陵的位置显然还没有选定。于是，新法老决定把他葬在帝王谷，即便都城在北方，离帝王谷很远。每个拜访图坦卡蒙陵墓的人都会注意到，这座陵墓从建筑构造上和其他法老的陵墓大相径庭。从结构设计看，这座陵墓最初肯定不是为了安葬一位法老，还在阿门诺菲斯三世时代，这座陵墓就已经为王室宗族造好，因为得到法老的准许，法老以外的人也可以安葬在帝王谷。不过，这些私人陵墓的规模都很小，一点儿装饰都不能有，只有法老才有权被葬在有装饰的陵墓中。由于年轻的法老突然去世，不可能再按照惯例建造一座寻常的豪华的陵墓，于是人们为图坦卡蒙选定了这座狭窄的墓，只是匆匆加了些装饰，放入了一批华贵精美的随葬品，把它改成一座王陵。我们可以猜测，墓室的装修工作在三个月之内就完成了，正是在法老驾崩和举行葬礼之间的那段时间。

英国人霍华德·卡特（Howard Carter，1874~1939）1922年对图坦卡蒙陵墓及其完整随葬珍宝的发掘是20世纪考古界最大的轰动性事件。

第二十二章　弄权者阿亚

图坦卡蒙死后，"神父"和维西尔阿亚觉得法老作为最为年长的亲属登上法老宝座的时机已经成熟。他命人把自己画在图坦卡蒙的墓中，描绘他为前任法老举行葬礼——这原本一直是王位继承者的责任，由此令人印象深刻地表明自己有继承王位的权利。

阿亚定然是这个时代最有争议的人物。他大约出生于公元前 1380 年，是阿赫塔吞宫廷中最重要的人物之一，作为阿门诺菲斯四世／埃赫那吞的舅舅和岳父，他肯定从高层对其革命起到了很大作用。作为"战车指挥官"，他手握军权。他是埃赫那吞的股肱之臣，可能也是他的谋士。唯独他位于阿马尔纳的墓（25号）保留了阿吞宗教"雅歌"——长版的埃赫那吞的《太阳颂歌》，同时还保留了短版的《太阳颂歌》。

埃赫那吞死后，阿亚在政治上灵活机敏，很快就适应了现有形势和各种变动。这个娴熟的弄权者精明地利用霍朗赫布因军事原因不在朝中的情况，在图坦卡蒙死后开始行使法老的职权（公元前1323~前1319年）。他选择了"彻佩彻佩鲁拉"（Chepercheperure，意为"塑造形体者，一位拉神"）这个王名，还在自己的出生名阿亚前加上了"神父"这个头衔，此举表明了他的意图，而且极不寻常，他可能打算通过这一举动强调自己与王室的亲属关系从而使自己有权统治国家：毕竟他与图特摩斯四世时代以来的所有法老和王后都有着至为密切的亲缘关系。即使他出身平民家庭，也相当于第18王朝王室的一分子，几乎比谁都更能算是王室的一员，因为他是两位王后的兄弟和父亲，又是数位王后及一位法老的外祖父。这些亲缘关系的一个明证可能也是那个至今下落不明的玻璃指环，上面饰有阿亚及仍然在世的法老遗孀安克森帕阿蒙的名字（Percy Edward Newberry，*The Journal of Egyptian Archaeology* 18, 1932, Abb. 1）。不过安克森帕阿蒙显然是作为他的孙女出现在这里，因为我们不能假定她就是他的王后。另外，如今这个指环的真实性受到怀疑。此外，迪特里希·韦尔东（"Eine königliche Statuengruppe der Nachamarnazeit"，*Studien zur Altägyptischen Kultur* 6, Hamburg 1978, pp.227‑233）成功拼合了两个雕塑残片，其中一部分存放在圣彼得堡的冬宫（编号18577），另一部分藏于日内瓦艺术与历史博物馆（Musée d'Art et d'Histoire，编号12440）。雕塑中，纳芙蒂蒂昔日的奶妈提伊现在作为王妻端坐在荣登法老宝座的丈夫旁边。这是为一个来自艾赫米姆的平民家庭势不可当的飞黄腾达之人竖立的纪念碑。

阿亚登上王位后，他与霍朗赫布的同盟自然破裂。阿亚立即免除了霍朗赫布的所有职位，宣布可能和他沾亲带故的纳赫特敏（可能是"库施王子"）为他的继承人，后者现在已经被任命为埃及军队统帅，同时也被立为"储君"。可以确定的是，纳赫特敏和阿亚一样出生于艾赫米姆，但两人之间有着怎样的亲戚关系，我们并不清楚。图坦卡蒙下葬时，纳赫特敏参加了葬礼，甚至为驾崩的法老捐献了一个乌沙布提俑。显然，新法老打算马上立他为自己的继承人和接班人。阿亚同样把"国务书记"和"建设工程负责人"奈伊（Nai）立为"储君"。

现在，年事已高的阿亚已经不需要官员墓，而是令人为自己在帝王谷中阿门诺菲斯三世陵墓的近旁，即在西谷中修建了一座陵墓。此外，他还在底比斯西侧为自己修建了一座陵庙，这座陵庙与哈普之子阿门诺菲斯的陵庙毗邻。卢克索、阿拜多斯、艾赫米姆和卡尔纳克还有一些建筑工程有案可稽。另外，阿亚还自命为一场宗教复兴运动的领头人，最终让旧神回归。他曾为"万有之神"阿吞的崛起出过力，但现在这位神被他从埃及万神殿中移除。

第二十三章　时代终结

阿亚于公元前 1319 年初夏去世后，军队接管了国家权力。现在霍朗赫布成为国家首脑，宣布自己即位为王（公元前 1319~ 前 1292 年在位）；同年夏末，他在底比斯最重要的宗教游行节庆欧佩特节（Opetfest）上，用阿蒙神的一则神谕让人们相信自己的确是天命神授："你是我的儿子、我的继承人，源自我的肢体。它们聚集起来，为的是把王位交给你。"这样一来霍朗赫布的身份合法了，就开始清算自己的前任及其整个家族。阿亚位于哈布城（Medinet Habu）近旁的陵庙被他据为己有，铭文被他清除，雕像也被毁坏。甚至帝王谷中的阿亚陵墓也被亵渎，那里阿亚的名字也遭到损毁。这股恨意同样发泄在王后安克森帕阿蒙和将军纳赫特敏身上。纳赫特敏和他的妻子伊西丝的那尊精妙绝伦的双人塑像（卢克索博物馆和开罗博物馆，编号 CG 779 A + B）现在被人暴力地毁坏，面孔被恶意砸碎。"储君"奈伊的陵墓（底比斯西侧，271 号）也难逃一劫。霍朗赫布在图坦卡蒙的塑像上写下自己的王名和头衔，由此把这些塑像据为己有，对他可以占据的神庙浮雕和石碑也是如法炮制。就连埃赫那吞——霍朗赫布平步青云还要归功于他——也没有在这个"除忆诅咒"中幸免于难。最后，霍朗赫布抹消了阿马尔纳时代所有法老的存在，由此让这个时代成为一个"从未存在过"的时代，他的统治直接承接阿门诺菲斯三世。鉴于这些事件，霍朗赫布的第二个妻子穆特诺杰美特（Mutnedjemet）是阿亚的女儿和纳芙蒂蒂的一个姐妹的猜测几乎是不可能成立的。

尽管霍朗赫布一门心思甚至可以说是狂热偏激地试图将阿马尔纳时代的这些改革岁月从人们的记忆中抹消，但它们还是留下了痕迹，尤其是在艺术和神学领域继续产生影响。比如阿蒙神，在埃赫那吞时代之前无疑是埃及众神之首，却只能有保留地重归曾经的主宰地位，现在他要和拉神与卜塔神分享这一地位。阿蒙崇拜的重地底比斯再也未能重新成为这个国家的王城。拉美西斯时代（第 19 王朝和第 20 王朝）伟大的宗教作品《地狱之书》（*Höhlenbuch*）和《大地之书》（*Buch von der Erde*）中，曾经的阿吞体现为日轮这一形象，而这个主宰一切的角色在阿马尔纳时代之前的文学中从未出现过。埃赫那吞的改革也对第 19 王朝和第 20 王朝王陵的构造产生了巨大影响：埃赫那吞之前的新王朝法老位于帝王谷的岩石墓基本上是沿着一条拱形或者带直角的轴线往地下越建越深，而且每位法老的陵墓都设计得比前一位法老的更宽大一些。埃赫那吞与这一传统完全决裂，他位于阿马尔纳的岩石墓规模很小，位于一条笔直的轴线上，这样阿吞的光芒就可以照亮墓室。然而，这种类型的陵墓正是后来的拉美西斯时代发展起来的那些位于笔直轴线上、被太阳照亮的王陵的原型。

埃赫那吞的语言改革继续产生影响，在随后一段时间里催生了一批丰富多彩的文学作品。最后，阿马尔纳艺术还对视觉艺术产生了特别深远的影响，阿马尔纳艺术形式甚至影响到拉美西斯时代的浮雕和雕塑。崭新的多层次的表现能力因宗教改革而大获成功，现在开始和传统、古典的艺术形式紧密结合起来，进而影响了新王朝后期的全部艺术创作。

第二十四章　阅读曼涅托史书

后来，这段被抹去的埃赫那吞时代的记忆首先在希腊和拉丁文学中得到体现。我们在曼涅托（Manetho）那里可以看到对它尤为详细的记叙，这是一位来自尼罗河三角洲塞本尼托斯（Sebennytos）的埃及僧侣，生活在公元前3世纪上半叶，显然在赫利奥波利斯作为大祭司供职。他可能是受"与姐姐恋爱者"托勒密二世（Ptolemäus II Adelphos，公元前284~前246年在位）的委托，用希腊语撰写了一部有关埃及历史的著作，然而很不幸，这部名为《埃及史》（*Aigyptiaka*）的作品没有保存下来。我们只能通过历史学家弗拉维奥·约瑟夫斯（Flavius

Josephus，37~110 年）摘出的两个片段来了解它。弗拉维奥·约瑟夫斯原名约瑟夫·本·马提加胡（Joseph ben Mathijahu），出身犹太上流家族，在耶路撒冷接受传统教育，是一位作家，用希腊语写作，但是用犹太人的方式思考。除了著名的《犹太战记》（De bello iudaico）外，他还有两部较短的作品存世。其中一部是小册子《驳斥阿皮翁》（Contra Apionem），他一方面将矛头对准了来自亚历山大港（Alexandria）的埃及语法学家阿皮翁（Apion）——此人身为驻罗马使节，拥护自己家乡城市的反犹太党派；另一方面严厉谴责他所处时代的反犹主义。约瑟夫斯把一篇短篇小说置于他这篇辩护词的中心，如今我们知道，这是一个由两个源自曼涅托史书的片段组成的故事，两部分并没有历史关联。这个故事的核心是埃赫那吞统治时期发生的事件，不过和早得多的喜克索斯人的入侵联系到了一起。按照曼涅托的说法，喜克索斯人是一群来历不明的人，他们占据了尼罗河三角洲的城市阿瓦里斯，在埃及实行恐怖统治。现在弗拉维奥·约瑟夫斯试图证明喜克索斯人就是犹太人；他将底比斯诸王迫害犹太人和以色列之子迁出埃及联系在一起，由此证明犹太民族的古老历史。

弗拉维奥·约瑟夫斯摘录的曼涅托史书讲述的故事内容如下：阿门诺菲斯三世——弗拉维奥·约瑟夫斯认为这位法老是虚构的，在时间上把他排在拉美西斯二世之后——表示自己希望面对面见一见诸神，哈普之子、智者阿门诺菲斯告诉他，如果他清理掉埃及国内的麻风病人，他的愿望就会实现。于是所有麻风病人——一共80000人——被抓起来，被赶到一起，他们必须去东边沙漠中的采石场服徭役。然而，这些苦力中也包括一些受过教育、有头有脸的祭司。看到此等极为不公之事，哈普之子阿门诺菲斯也开始害怕诸神震怒，并且预言将会有异族统治埃及长达13年。因为他不敢亲自把这个可怕的消息传达给法老，所以把它写了下来，随后自杀。麻风病人却不得不在采石场长久地艰辛工作。而当喜克索斯人被赶出埃及和阿瓦里斯城之后，麻风病人请求法老把这座城赐给他们，作为他们的栖身之所。得到阿门诺菲斯三世应允后，他们进入这座城，让一个名叫欧萨尔瑟夫（Osarseph）的赫利奥波利斯祭司担任首领。他们发誓绝对听从于他。欧萨尔瑟夫制定了新的法律：禁止崇拜之前的神祇，但食用神圣的动物是可以的。此外，除了和自己持同一信仰者外，不应和其他任何人往来。他制定了上述法律和其他很多和埃及习俗正好相反的法则，随后命人修复城墙，准备和阿门诺菲斯三世开战。欧萨尔瑟夫派遣使者去耶路撒冷会见被驱逐的喜克索斯人，请求他们和自己一起出征埃及。他还提议说，愿意把他们送回他们父辈的故土阿瓦里斯。喜克索斯人欣然答应，派出 20 万大军。阿门诺菲斯三世得知大军压境后，召集埃及人和他们的首领一起商议此事。他首先把神圣的动物招来，以便保护它们，要求负责的祭司把神像妥善藏好。他把 5 岁的儿子塞提（Sethos，曼涅托错误地把第 19 王朝一位法老的名字跟阿门诺菲斯三世联系到了一起！）托一位朋友照顾。他自己统率 30 万名久经沙场的士兵跨过尼罗河，与敌人相遇，但没有开战，因为他相信人们不应逆着神灵的意志打仗，于是班师回到孟菲斯。但离开孟菲斯后，他带着阿匹斯和其他之前送到孟菲斯的神圣动物继续前往埃塞俄比亚，因为埃塞俄比亚国王曾受他之恩，所以臣服于他。阿门诺菲斯三世在那里待了13年。然而，在这期间麻风病人和喜克索斯人一起袭击了埃及，残暴地对待埃及民众，丧尽天良，简直让喜克索斯人过去的统治对于埃及民众来说仿佛成了黄金时代。不过，最后阿门诺菲斯三世和他的孙子拉美西斯（！）从埃塞俄比亚回师，把麻风病人和喜克索斯人赶出了埃及。

弗拉维奥·约瑟夫斯摘录的曼涅托的历史故事简要地讲就是这样。十分值得注意的是，这里面有个后加进去的注释，可能是约瑟夫斯自己写的，这个注释说麻风病人的首领欧萨尔瑟夫还有另一个名字——摩西。

扬·阿斯曼和唐纳德·B.瑞德福德（Donald B. Redford）把这个故事中的某些素材和埃赫那吞时代的具体事件联系起来，在采石场做苦役指的是阿门诺菲斯三世及其子阿门诺菲斯四世大兴土木，而埃赫那吞死后肆虐埃及和西亚20年之久的那场瘟疫则映射在麻风病人的形象中。这些麻风病人想要拥有一个属于自己的城市，以便为自己革命性的计划找到一个活动中心。他们选择欧萨尔瑟夫——一个赫利奥波利斯的祭司担任自己的首领，此人把一神教介绍给自己的臣民，由此制定新法，并且要求人们绝对服从。加之他们对此前所有埃及神灵和习俗的摒弃，不难看出，这里展现的是埃赫那吞的形象。新宗教的恣意专横和摧毁神像、杀戮神圣动物的做法以及它的祭司和先知背离人道的行径密不可分。麻风病人的 13 年统治与埃赫那吞的 13 年异端时代时长一致。现在，这一部分历史和喜克索斯人的历史融合在一起，欧萨尔瑟夫把喜克索斯人从耶路撒冷带回来。阿门诺菲斯三世犹豫不决，不敢攻击他们，逃亡到埃塞俄比亚。这象征着阿马尔纳时代的社会崩溃和喜克索斯人统治（公元前 1630~ 前 1528 年）的噩梦作为独一无二的历史灾难保留在埃及人的集体记忆中，尼罗河国度在公元前最后一千年里遭受另一些敌族入侵的历史也融入了这段记忆。

　埃赫那吞时代发生的这些事件自然不只对

埃及产生影响。虽然我们几乎没有可靠的原始资料，但还是可以猜测，埃赫那吞的改革对与埃及毗邻的诸国产生了影响。同时，总有人暗示这次改革有可能对古代以色列的一神教产生了直接或间接的影响，这主要是因为以色列和埃及的关系是希伯来语《圣经》中的一个主题。然而，这种关系并非仅仅被描述成负面的，《圣经》中约瑟夫的故事就是一个例子。在这个故事中，埃及被描述为人性和文明的避风港，它的宗教被描述得迷人又神秘。曼弗雷德·杰尔格（Manfred Görg, *Die Beziehungen zwischen dem alten Israel und Ägypten*, Darmstadt, 1997）详细地研究了这个课题。并非每个人都打算像西格蒙德·弗洛伊德（Sigmund Freud, 1858~1939）那样在这个问题上走火入魔，弗洛伊德在自己出版的最后一本书《摩西与一神教》（*Der Mann Moses und die monotheistische Religion*）中提到了宗教和文化史上的讨论，他写道："现在我们要大胆推测：如果摩西是埃及人，如果他向犹太人传播自己的宗教，那么那就是阿肯那吞（Ikhenaton，弗洛伊德使用的是埃赫那吞名字的英译）的宗教，即阿吞宗教。"

埃及的很多宗教思想和观念也融入了基督教。比如，基督教的核心思想——神化身成人——源于埃及。"没有埃及就没有基督教"，哲学家及多明我会神父约瑟夫·马利亚·波岑斯基（Jóseph Maria Bocheński，1902~1995）说，而这个观点也是扬·阿斯曼的研究性著作《记忆中的埃及》（*Erinnertes Ägypten*，Berlin，2006）的核心。

第二十五章　发现埃赫那吞

　　在解读象形文字之前，人们就通过古希腊、古罗马时期流传下来的记载知道了不少埃及法老的名字，但埃赫那吞的名字似乎永远地失踪、被人遗忘。然而，阿马尔纳宗教的"雅歌"在《圣经·旧约》之《诗篇》的第 104 首中留下了痕迹。恰好是改革家马丁·路德（Martin Luther，1483~1546）第一次从希伯来语和希腊语《圣经》原文中将埃赫那吞的《太阳颂歌》翻译成德语，尽管他没有意识到这一点。然而，还要再过 300 多年的时间，埃赫那吞这个不同寻常的历史人物才会再次被人们注意到。

　　18 世纪，欧洲游人来到阿马尔纳地区。法国耶稣会神父克洛德·西卡尔（Claude Sicard，1677~1726）1714年作为传教士途经该地，同时也受到奥尔良公爵菲利普二世（Philippe II von Orleans）的委托，绘制和描述古代文物。因此，他成为第一个临摹图那·埃尔－加贝尔（Tuna el-Gebel）的界碑A的人，尽管画得十分不准确。1738年和1741年，两位英国旅行者来访，他们是：弗雷德里克·路德维格·诺登（Frederik Ludwig Norden，1708~1742），前丹麦海军舰长；查尔斯·佩里（Charles Perry，约1700~1780），一位医生。作为伦敦第一个埃及协会的成员，两人一边旅行一边绘图记叙。大约半个世纪后，拿破仑的探险队断定，在阿马尔纳平原上曾经有过一座城市。法军科考分队成员埃德梅·乔马德（Edmé Jomard，1777~1862）为阿赫塔吞的城市结构制作了第一张地图，他把这张图刊登于重要的汇编集《埃及记述》第4卷（*Description de l'Egypte*, Bd. IV, Paris 1822）中。1826年，英国埃及学家约翰·加德纳·威尔金森（John Gardiner Wilkinson，1797~1875）和詹姆斯·伯顿（James Burton，1788~1862）开始考察岩石墓，特别是为着色的浮雕绘制了精细又令人震撼的复制品。威尔金森认为阿马尔纳的雕塑太不寻常、太过神秘，所以认为它们并非出自埃及人之手。"异国情调的绘画，"威尔金森说，"展现了法老和王后在孩子们的陪同下朝拜太阳，太阳正用光束上的手把生命之符赠给他们。"王名圈中的名字使他得出推论：这位法老大概属于喜克索斯人的王朝。然而，这些画没有注明确切日期。正是威尔金森的著作随后对阿马尔纳研究产生了巨大的影响，他1836 年出版的作品《古埃及风俗习惯》（*The Manners and Customs of the Ancient Egyptians*）成为约翰·穆雷（John Murray）的《埃及旅行者手册》（*Handbook for Travellers in Egypt*，1847）的主要信息来源，后者是当时所有英国游客使用的权威作品。1828 年 11 月 8 日，象形文字破译者让·弗朗索瓦·商博良（Jean François Champollion，1790~1832）也于阿马尔纳逗留，他在城市的废墟中辨认出了"阿吞大神庙"，那曾是埃赫那吞世界的中心。德国埃及学创始人理查德·莱普修斯（Richard Lepsius，

1810~1884）作为普鲁士埃及探险队的领队在阿马尔纳停留过两次，1843 年待了 3 天，1845 年逗留了一周，为的首先是考察他认为值得留意的岩石墓和界碑。莱普修斯记录道："这一切都带有同一时代建筑设计的显著特征；这座城市显然是阿门诺菲斯四世 / 埃赫那吞的新都城，只有他的名字在这里随处可见。"1881~1884 年，法国人加斯东·马伯乐（Gaston Maspero，1846~1916）和于尔班·布里昂（Urbain Bouriant，1849~1903）在阿马尔纳发掘出 40 座岩石墓。1887 年，阿马尔纳泥板面世，震惊了世界。对埃赫那吞城的考察计划是著名的古埃及发掘者英国人威廉·马修·弗林德斯·佩特里于 1891/1892 年冬启动的，两年后就发布了成果。1901~1906 年，同样来自英国的诺曼·德·加里斯·戴维斯（Norman de Garis Davies）来到阿马尔纳，随后把自己的研究分六卷出版。1907 年，挖掘权移交给德国东方协会（Deutsche Orientgesellschaft）。德国的一本埃及旅行指南（*Meyers Reisebücher*, Leipzig, 1909）写道："德国东方协会正要继续挖掘阿马尔纳的王城。"但这次发掘工作直到 1911 年才在路德维希·博尔夏特（Ludwig Borchardt，1863~1938）的主持下展开，持续到了第一次世界大战开始。1912 年，博尔夏特发现了雕塑师图特摩斯的作坊，发现了大量雕塑，包括纳芙蒂蒂王后那尊著名的胸像。1921~1936 年，在阿马尔纳进行发掘工作的是伦敦埃及探索协会（Egypt Exploration Society），其发掘工作的领队是查尔斯·莱奥纳德·沃利（Charles Leonard Woolley，1880~1960）、托马斯·埃里克·皮特（Thomas Eric Peet，1882~1934）和弗兰西斯·卢埃林·格里菲斯（Francis Llewellyn Griffith，1862~1934），他们首先专注于对阿赫塔吞南城和工人居住区的发掘（*The City of Akhenaten* I, 1923）。1930 年，约翰·戴维特·斯特灵菲洛·潘德伯里接手，他的发掘成果以三卷本著作形式发布——《埃赫那吞的城市》（*The City of Akhenaten*, 1933~1951），他的工作主要关注的是城市中心。

1881/1882 年，当地人发现了阿赫塔吞的王陵，但直到 1891 年冬季，意大利技师和考古发掘者亚历山德拉·巴尔桑提（Alexandre Barsanti，1858~1917）才较为仔细地考察了这座王陵，并把一些出土物件带到开罗。他还在王陵一个房间的瓦砾间发现了那尊著名的石灰石碑，上面描绘了王室一家为阿吞献祭的场景；这尊石碑以维尔伯石碑（Wilbour-Stele，开罗博物馆，编号 RT 10.11.26.4）之名著称，那是以埃及学的美国赞助人查尔斯·埃德温·维尔伯（Charles Edwin Wilbour，1833~1896） 命名的。对岩石墓的第一批科学探究首先由法国人于尔班·布里昂和乔治·勒格朗（Georges Legrain，1865~1917）以及瑞士人居斯塔夫·热基耶（Gustave Jéquier，1868~1946）于 20 世纪初完成，1931/1932 年，潘德伯里又发现了一批较小的物件。1934 年，在英国埃及学家赫尔伯特·沃尔特·费尔曼（Herbert Walter Fairman，1907~1982）的主持下，人们用绘图和照相的形式对王陵进行了一次重新测绘。最后，有关王陵的结构及其出土文物的研究成果由乔弗里·T. 马丁（Geoffrey T. Martin）彻底整编修订，在 1974 年和 1989 年出版两卷。1977 年以来，

图 17 石灰岩制浮雕板（维尔伯石碑），或许是一种在法老死后仍然长盛不衰的墙壁装饰的样板，画面中是献花给阿吞的埃赫那吞和纳芙蒂蒂，陪伴他们的是公主梅丽塔吞和玛可塔吞，1891 年发现于王室陵墓的一个房间中，高 51 厘米，开罗博物馆藏品

巴里·J.坎普（Barry J. Kemp）主持埃及探索协会在阿马尔纳的发掘工作，于 1984~1997 年将挖掘成果整编出版，至今已经出版六卷。

自埃及学于 19 世纪第一次研究阿门诺菲斯四世／埃赫那吞时期的古迹开始，人们就在探究为什么法老被描绘成这个样子。早在 1855

年，奥古斯特·马里埃特（Auguste Mariette，1821~1881）就在《法国雅典娜神殿考古学通报》（*Bulletin archéologique de l'Athénaeum français*）上发表了一篇研究这个问题的文章。作者声称，法老这些有着奇特面孔、隆起的胸部、肿胀的腹部和肥硕的大腿的雕塑是在表现一个阉人的形象。但因为马里埃特知道，埃赫那吞不仅和纳芙蒂蒂结了婚，还和她生了不少孩子，他就为自己的解释附加了一个想象出来的故事：还是在阿门诺菲斯三世在世之时，很早就与纳芙蒂蒂结了婚的埃赫那吞在一次针对努比亚的军事行动中被俘，按照一些黑人部落自远古时代就有的习俗被阉割致残。马里埃特的这则传说还被加斯东·马伯乐的《古代东方诸民族历史》（*Geschichte der Morgenländischen Völker im Altertum*, Leipzig, 1877）收录。对这一形象自然也有其他解读方法。尤金·勒夫布尔（Eugène Lefébure，1838~1908）认为埃赫那吞的形象表现的是一个女人。有人相信，在当时为人所知的阿马尔纳岩石墓浮雕中可以辨认出两位女王。确实，如果不看冠冕的话，浮雕中的埃赫那吞和纳芙蒂蒂有时很难区分，而他们的冠冕常常遭到毁坏。浮雕中的两人有着一样的面部线条、又细又长的脖子、乳房和丰满的大腿。他们的衣服也很像。最后，对于浮雕中埃赫那吞的形象，20世纪下半叶出现了越来越多的医学解释，但这些解释还是误入歧途。这所有的解释无论多么富有想象力，都经不起一次评判性的审视，因为如上所述，这些形象只是一些具有神学意味的画面。

20世纪前半叶，随着阿马尔纳艺术对人们产生越来越大的吸引力，在各种展览和艺术书籍中激起全世界的热情，人们开始用一种理想化的方式看待神的传道者埃赫那吞。1922年，莱纳·马利亚·里尔克（Rainer Maria Rilke，1875~1926）在一封信中写道："那是伟大的埃及时代中一个多么风平浪静的时刻？是哪位神祇屏住了呼吸，让第四个阿门诺菲斯身边那群人有了这种觉悟？他们是突然间从哪里来的？这个时代又是如何随即在他们身后关上大门，这个为一个'存在者'提供余地的时代，这个'放过了'它的时代！"托马斯·曼（Thomas

Mann，1875~1955）在他杰出的长篇小说《约瑟夫和他的兄弟们》（*Joseph und seine Brüder*）中写道：他的面孔"有种令人不安的吸引力，无怪乎埃及的人民对他满怀深情，给予他华美的名字"。埃贡·弗里德尔（Egon Friedell，1878~1938）在他那部 1936 年问世的《埃及和古代东方文化史》（*Kulturgeschichte Ägyptens und des Alten Orients*）中也使用简直有些狂热的语言赞赏埃赫那吞："埃赫那吞是世界史上第一个有血有肉地站在我们面前的人物。之前的所有人要么在神话的迷雾中变得模糊，要么在历史进程中被压缩成虚幻的类别概念。埃赫那吞却是我们的兄弟，甚至几乎是我们的同代人。他生命的歌谣产生了深远的影响，一直传达到我们这里，这首歌谣是用我们的鲜血写就的。尽管犯了那么多错误，有那么多弱点，但他还是动人、独一无二且值得人们怀念。他是一个坐在古老王座上的现代人。"

这段出自 20 世纪前半叶的对埃赫那吞的评价十分浪漫，甚至带着迷恋之情，因此在历史面前站不住脚。如今，新的历史材料使我们对埃赫那吞和他的时代看得更敏锐、更细致。对于我们来说，他已不再只是那个爱好自然、博爱慈善的传道者，不再是光明的形象，而是一个天才的统治者，果断坚毅，甚至无畏地实行强权统治；这是一位强迫自己的民众接受唯一的、"真正的"神——阿吞的法老，会对那些无法或者不愿服从自己的人进行压迫。而刚刚过去的沉重往事让我们面对埃赫那吞建立的这个极端的神之国度时变得敏锐了一些。

阿马尔纳遗迹分布及埃赫那吞陵墓示意图

1.北城 2.北行政建筑 3.河畔宫殿 4.横穿国王大街的坡道
5.北宫 6.荒野祭坛 7.北城郊 8.国王大街 9.阿吞大神庙
10.格姆帕阿吞 11.屠宰场 12.小阁 13.本本石柱 14.本本殿
15.帕涅何西办公处 16.神庙仓库 17.法老住所 18.大王宫
19.国家档案馆 20.生命之屋 21.军队及警卫驻扎地
22.觐见窗 23.阿吞小神庙 24.尼罗河岸 25.玛鲁–阿吞方向
26.北 27.比例尺，对应阿吞大神庙的长度

阿马尔纳（阿赫塔吞）中心及北城

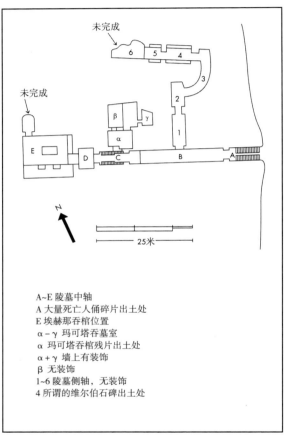

阿马尔纳的埃赫那吞陵墓结构 /26 号墓穴

大事年表

　　此年表可能与其他历史学家整理的时间顺序有少许出入，因为在某种不确定因素的影响下，注明确切时间是很困难的。

约前 1374/ 前 1373 年	后来的法老阿门诺菲斯四世作为阿门诺菲斯三世及其大王妻泰伊的次子出生，可能出生于都城底比斯。
约前 1359/ 前 1358 年	阿门诺菲斯王子的兄长、储君图特摩斯在孟菲斯去世。阿门诺菲斯王子成为新储君。阿门诺菲斯三世在底比斯庆祝了自己第一个统治周年庆。泰伊王后的兄弟阿南在底比斯去世。
约前 1353/ 前 1352 年	阿门诺菲斯迎娶王室书记阿亚之女纳芙蒂蒂，阿亚是泰伊王后的另一个兄弟。

约前 1352/ 前 1351 年	阿门诺菲斯三世驾崩于统治的第 38 年。阿门诺菲斯四世在底比斯即位。纳芙蒂蒂成为大王妻。女儿梅丽塔吞出生。
约前 1350~ 前 1348 年	在卡尔纳克建造阿吞大神庙，此神庙中装饰有新艺术风格的图画。女儿玛可塔吞出生。创造新神阿吞，其长长的名字被写在两个王名圈中。三神组阿吞—埃赫那吞—纳芙蒂蒂问世。在卡尔纳克新神庙举行阿吞周年庆典。然而，即便阿吞居于众神之首，旧神仍继续得到尊崇。
约前 1347/ 前 1346 年	女儿安克森帕阿吞出生。新一批执政官员受命。阿门诺菲斯四世决定在阿马尔纳地区建造一座新都城，新都城被命名为阿赫塔吞。最早的三块界碑标示出城市的范围。建筑师玛阿纳赫图埃夫成为阿赫塔吞的总建筑师。阿门诺菲斯四世修改了自己的头衔和出生

名。从今以后他叫埃赫那吞。他最亲近的参谋是他的岳父阿亚。最重要的官员在东山上得到岩石墓。

约前 1345 年	又建造了 11 座界碑。王室迁往阿赫塔吞。女儿纳芙纳芙鲁阿吞 - 塔舍丽特出生。
约前 1344 年	女儿纳芙纳芙鲁拉出生。
约前 1342 年	阿吞神被重新命名。全国所有旧神神庙被关闭。纪念旧神的物品遭到破坏。由此，埃及有了一个一神宗教。第六个女儿赛特潘拉出生。
约前 1340/ 前 1339 年	外国使团来到阿赫塔吞，向法老呈上贡品。一场努比亚的起义被镇压。王太后泰伊造访阿赫塔吞。纳芙蒂蒂诞下一位王子——图坦卡吞。
约前 1338/ 前 1337 年	女儿纳芙纳芙鲁拉、赛特潘拉和玛卡塔吞夭折，她们被葬在帝王谷东山中建造的王室墓穴（26

约前 1337/ 前 1336 年	王后纳芙蒂蒂和公主纳芙纳芙鲁阿吞－塔舍丽特去世。继王后为基雅，她或许就是米坦尼公主塔杜刻帕。梅丽塔吞和安克森帕阿吞被晋封为王后。两个亚洲行省叛离。埃及军队发动远征。赫梯国王苏庇路里乌玛一世攻打北叙利亚的埃及属地阿姆卡。
约前 1335/ 前 1334 年	埃赫那吞驾崩。法老的遗孀基雅给赫梯王写了一封信，希望通过与一位赫梯王子政治联姻夺取埃及的权力，同时赢得和平。赫梯王子赞南扎在前往埃及的途中遇害。基雅从公众生活中消失。埃赫那吞长女梅丽塔吞成为女王，开始独自统治。
约前 1335~ 前 1332 年	与赫梯人交战。梅丽塔吞与赛门卡拉结婚，后者可能来自一个王室旁支。身为法老的赛门卡拉打算靠拢过去的王国神阿蒙。

约前 1333 年	女王梅丽塔吞驾崩。
约前 1332 年	法老赛门卡拉驾崩，被葬在底比斯帝王谷（55 号）。在阿赫塔吞即位的新法老图坦卡吞主持葬礼。此前由他外祖父阿亚的亲戚、高官塞纳杰姆负责他的教育。阿亚和将军霍朗赫布摄政。后者掌控最高军权。宗教方面，采取复兴旧宗教的方针。大王妻为安克森帕阿吞。
约前 1330 年	法老改名为图坦卡蒙，他的妻子现在名为安克森帕阿蒙。
约前 1329 年	阿赫塔吞成为废都，新都城是孟菲斯，旧神重获权威。
约前 1323/前 1322 年	图坦卡蒙死于传染病。第 18 王朝随之终结。他被葬在底比斯帝王谷（62 号）。新法老阿亚主持葬礼。
约前 1323~前 1319 年	阿亚免去霍朗赫布将军职位，把最高军权转交给库施王子纳赫特敏，后者和国王一样来自艾赫米姆。同

时，阿亚拥立他为储君。在宗教复
辟的过程中，阿吞从众神行列中消
失。阿亚的陵墓位于帝王谷西谷
（23号）。

约前1319~
前1292年

军队接管权力。霍朗赫布称王。
对阿亚及纳赫特敏进行报复。阿
马尔纳时代的所有法老都从法老
名单里除名。霍朗赫布的统治现
在直接承接阿门诺菲斯三世。

阿马尔纳（阿赫塔吞）中心及北城：Regine
Buxtorf, nach einer Skizze von Barry J. Kemp
阿马尔纳的埃赫那吞陵墓结构 /26 号墓穴：
Regine Buxtorf

图 1、2、4-1、4-2、5、6、10-1、10-2、11、
13、14、15、16：Regine Buxtorf

图 3：Antje Ohm

图 7：The Mural Painting of El-Amarneh,
edited by H. Frankfort, London 1929, S. 16

图 8：Jan Assmann: Erinnertes Ägypten.
Pharaonische Motive in der europäischen Religions-
und Geistesgeschichte (Kulturwissenschaftliche
Interventionen, Bd. 6), Berlin 2006, S. 63, nach:
A. Piankoff: The Shrines of Tutankhamun,
Bollingen Series XL, Princeton 1955, fig. 41

图 9：Ludwig Borchardt/Herbert Ricke: Ägypten. Landschaft, Volksleben, Baukunst, Berlin, Wien, Zürich 1929; Aufnahme: Hollander, Schneidemühl

图 12：Urbain Bouriant/Georges Legrain/ Gustave Jéquier: Monuments pour servir à létude du culte d'Atonou en Egypte, MIFAO 8, 1903, S. 91

图 17：akg-images/Andrea Jemolo

参考文献

工具书

Lexikon der Ägyptologie, 7 Bde, 1975–1992.

Hari, Robert: Répertoire onomastique amarnien, 1976.

Martin, Geoffrey Thorndike: A Bibliography of the Amarna Period and its Aftermath, 1991.

Porter, Bertha/Moss, Rosalind L. B.: Topographical Bibliography of Ancient Egyptian, Hieroglyphic Texts, Reliefs and Paintings, 7 Bde., 1927–1952. 2. Auflage 1960 ff.

Redford, Donald B. (Hg.): The Oxford Encyclopedia of Ancient Egypt, 3 Bde., 2001.

Schneider, Thomas: Lexikon der Pharaonen, 1996.

–: Asiatische Personennamen in ägyptischen Quellen des Neuen Reiches, 1992.

年表

Beckerath, Jürgen von: Chronologie des pharaonischen Ägypten, 1997.

Hornung, Erik/Krauss, Rolf/Warburton, David A. (Hg.): Ancient Egyptian Chronology, Handbook of Oriental Studies. Section 1: The Near and Middle East, 2006.

专著

Aldred, Cyril: Echnaton, Gott und Pharao Ägyptens, 1968.

–: Akhenaten, King of Egypt, 1988.

Bille-De Mot, Eléonore: Die Revolution des Pharao Echnaton, 1965.

Giles, Frederick J.: Ikhenaton, Legend and History, 1970.

–: The Amarna Age. Egypt, 2001.

Hornung, Erik: Echnaton. Die Religion des Lichtes, 1995.

Lange, Kurt: König Echnaton und die Amarnazeit. Die Geschichte eines Gottkünders, 1951.

Montserrat, Dominic: Akhenaten. History, Fantasy and Ancient Egypt, 2000.

Redford, Donald B.: Akhenaten, The Heretic King, 1984.

Reeves, Nicholas: Echnaton. Ägyptens falscher Prophet, 2002.

Schlögl, Hermann A.: Amenophis IV. Echnaton, ⁶2004.

Thomas, Angela P.: Akhenaten's Egypt, 1988.

Tyldesley, Joyce: Nefertiti. Egypt's Sun Queen, 1998.

Watterson, Barbara: Amarna, Ancient Egypt's Age of Revolution, 1999.

Wedel, Carola: Nofretete und das Geheimnis von Amarna, 2005.
Weigall, Arthur: Echnaton, König von Ägypten und seine Zeit, 1923.

赛德节

Gohary, Jocelyn: Akhenaten's Sed-festival at Karnak, 1992.
Hornung, Erik/Staehelin, Elisabeth: Neue Studien zum Sedfest, 2006.

艺术、建筑、考古和专项研究

Aldred, Cyril: Akhenaten and Nefertiti, 1973.
Arnold, Dorothea: The Royal Women of Amarna. Images of Beauty from Ancient Egypt, 1996.
Borchardt, Ludwig/Ricke, Herbert: Die Wohnhäuser in Tell el-Amarna, 1980.
Davies, Norman de Garis: The Rock Tombs of El-Amarna, 6 Bde., 1903–1908.
Dodson, Aidan/Hilton, Dyan: The Complete Royal Families of Ancient Egypt, 2004.
Eaton-Krauss, Marianne: The Sarcophagus in the Tomb of Tutankhamun, 1993.
Endruweit, Albrecht: Städtischer Wohnbau in Ägypten. Klimagerechte Lehmarchitektur in Amarna, 1988.
Fazzini, Richard A.: Art from the Age of Akhenaten, 1973.
Freed, Rita E./Markowitz, Yvonne. J./D'Auria, Sue H. (Hg.): Pharaohs of the Sun. Akhenaten – Nefertiti – Tutankhamen, 1999.
Gabolde, Marc: D'Akhenaton à Toutánkhamen, 1998.
Grimm, Alfred/Schlögl, Hermann A.: Das thebanische Grab 136 und der Beginn der Amarnazeit, 2005.
Grimm, Alfred/Schoske, Sylvia (Hg.): Das Geheimnis des goldenen Sarges. Echnaton und das Ende der Amarnazeit, 2001.
Helck, Wolfgang: Das Grab Nr. 55 im Königsgräbertal. Sein Inhalt und seine historische Bedeutung (hg. von Sylvia Schoske und Alfred Grimm), 2001.
Jorgensen, Mogens: Egyptian Art from the Amarna Period. Ny Carlsberg Glyptotek, 2005.
Kemp, Barry J.: Ancient Egypt. Anatomy of a Civilization, 1989.
–: Amarna Reports, 6 Bde, 1984–1997.
Konrad, Kirsten: Architektur und Theologie. Pharaonische Tempelterminologie unter Berücksichtigung königsideologischer Aspekte, 2006.
Krauss, Rolf: Das Ende der Amarnazeit, ¹1981.
–: Moïse le Pharaon, 2000.
Loeben, Christian E.: Eine Bestattung der großen königlichen Gemahlin Nofretete in Amarna? Eine Totenfigur der Nofretete, in: Mitteilungen des Deutschen Archäologischen Instituts, Abteilung Kairo 42, 1986, 99–108.

Martin, Geoffrey T.: The Royal Tomb at El-Amarna, 2 Bde., 1974 u. 1989.

Müller, Maja: Die Kunst Amenophis' III. und Echnatons, 1988.

Ockinga, Boyo G.: A Tomb from the Reign of Tutankhamun at Akhmim, 1997.

Peet, Thomas Eric/Woolley, Charles Leonard: The City of Akhenaten I, 1923.

Pendlebury, John D. S.: The City of Akhenaten, 3 Bde, 1933–1951.

Petrie, Flinders W. M.: Tell el Amarna, 1894.

Reeves, Nicholas: The Complete Tutankhamun: The King, the Tomb, the Royal Treasure, 1990.

Reeves, Nicholas/Wilkinson, Richard H.: Das Tal der Könige. Geheimnisvolles Totenreich der Pharaonen, 1997.

Roeder, Günther/Hanke, Rainer: Amarna-Reliefs aus Hermopolis, 1969.

Samson, Julia: Amarna. City of Akhenaton and Nefertiti. Key Pieces from the Petrie Collection, 1972.

Schaden, Otto: The God's Father Ay, 1977.

Schlick-Nolte, Birgit/Loeben, Christian E.: Talatat-Blöcke in europäischen Privatsammlungen, in: Wege öffnen, 1996, 270–287.

Scholz, Piotr O.: Nubien. Geheimnisvolles Goldland der Ägypter, 2006.

Settgast, Jürgen u. a.: Nofretete – Echnaton, 1976.

Tietze, Christian: Amarna. Analyse der Wohnhäuser und soziale Struktur der Stadtbewohner, in: Zeitschrift für Ägyptische Sprache und Altertumskunde 112 u. 113, 1985/86, 48–84 u. 55–78.

– (Hg.): Amarna. Lebensräume – Lebensbilder – Weltbilder, 2008.

Vergnieux, Robert: Recherches sur les monuments thébains d'Amenhotep IV à l'aide d'outils informatiques. Méthodes et résultats, 2 Bde, 1999.

Vomberg, Petra: Das Erscheinungsfenster der amarnazeitlichen Palaststruktur. Herkunft – Entwicklung – Fortleben, 2004.

Weatherhead, Fran J.: Amarna Palace Paintings, 2007.

Wenig, Stephan: Meisterwerke der Amarnakunst, 1974.

Wiese, André/Brodbeck, Andreas (Hg.): Tutanchamun. Das goldene Jenseits. Grabschätze aus dem Tal der Könige, 2004.

Wildung, Dieterich: Tutanchamun, 1980.

–: Le frère aîné d'Ekhnaton. Réflexions sur un décès prématuré, in: Bulletin de la Société française d'égyptologie 142, 1998, 10–18.

Willeitner, Joachim: Nubien. Antike Monumente zwischen Assuan und Khartum, 1997.

Zivie, Alain: The tomb of the lady Maïa, wet-nurse of Tutankhamun, in: The Bulletin of Egypt Exploration Society 13, 1998, 7 f.

–: Découverte à SAQQARAH. Le vizir oublié, 1990.

阿吞宗教

Allen, James P.: The Natural Philosophy of Akhenaten, in: Yale Egyptological Studies 3, 1989, 89–101.

Assman, Jan: Akhanyati's Theology of Light and Time, in: Proceedings of The Israel Academy of Sciences and Humanities, 1992.

–: Ma'at. Weisheit, Staat und Unsterblichkeit im Alten Ägypten, 2000.

–: Moses der Ägypter, 1998.

–: Ägyptische Hymnen und Gebete, 1975.

–: Die «loyalistische Lehre» Echnatons, in: Studien zur Altägyptische Kultur 8, 1980, 1–32.

–: Ägypten. Theologie und Frömmigkeit einer frühen Hochkultur, 1984.

Brandl, Helmut: Privatstelen der Amarnazeit, 1998.

Hornung, Erik: Der Eine und die Vielen. Altägyptische Götterwelt, ⁶2005.

Keel, Othmar (Hg.): Monotheismus im Alten Israel und seiner Umwelt, 1980.

Kern, Barbara: Das altägyptische Licht- und Lebensgottmotiv und sein Fortwirken in israelitisch/jüdischen und frühchristlichen Traditionen, 2006.

Rahner, Karl (Hg.): Der eine und der dreieine Gott, 1983.

Redford, Donald B.: Egypt, Canaan and Israel in Ancient Times, ²1995.

Schäfer, Heinrich: Amarna in Religion und Kunst, 1931.

Stevens, Anna: Private Religion in Amarna. The material evidence, 2006.

原始文本

Beinlich, Horst/Saleh, Mohammed: Corpus der hieroglyphischen Inschriften aus dem Grab des Tutanchamun, 1989.

Helck, Wolfgang: Urkunden der 18. Dynastie, Berlin 1955–1961.

–: Ein «Feldzug» unter Amenophis IV. gegen Nubien, in: Studien zur Altägyptischen Kultur 8, 1980, 117–126.

Kroeber, Burkhart: Die Neuägyptizismen vor der Amarnazeit, 1970.

Moran, William L.: The Amarna Letters, 1992.

Murnane, William J.: Text from the Amarna Period in Egypt, 1995.

Sandman, Maj: Texts from the Time of Akhenaten, 1938.

Schlögl, Hermann A.: Echnaton – Tutanchamun. Daten, Fakten, Literatur, ⁴1993.

第 18 王朝尾声

Hari, Robert: Horemheb et la reine Moutnedjemet ou la fin d'une dynastie, 1965.

Hornung, Erik: Das Grab des Haremhab im Tal der Könige, 1971.

Martin, Geoffrey Thorndike: The Memphite Tomb of Horemheb, Commander-in-Chief of Tut'ankhamun I, 1989.

Schneider, Hans D.: The Memphite Tomb of Horemheb, Commander-in-Chief of Tut'ankhamun II, 1996.

（此部分页码为德文版页码，即本书页边码。）

埃 赫 那 吞

埃

赫

那

吞

作者简介

赫尔曼·A. 施勒格尔（Hermann A. Schlögl）是弗赖堡大学埃及学荣休教授，凭借大量关于尼罗河国度的历史、文化的学术专著以及古埃及文献译著而卓有声望，最新出版的作品有通史著作《古埃及》（*Das Alte Ägypten*，2006）、文选《埃及的智慧》（*Die Weisheit Ägyptens*，2007）等。

译者简介

杨稚梓，中国社会科学院外国文学研究所助理研究员，德国哥廷根大学德语文学博士，研究方向为现当代德语文学和童话研究。译有托马斯·曼《陛下》、克亚尔·艾斯凯尔森《一个好地方》等作。

图书在版编目（CIP）数据

埃赫那吞 /（德）赫尔曼·A.施勒格尔著；杨稚梓
译. -- 北京：社会科学文献出版社，2021.6
（生而为王：全13册）
ISBN 978-7-5201-8346-8

Ⅰ.①埃…　Ⅱ.①赫…②杨…　Ⅲ.①埃赫那顿(阿孟
霍特普四世 IKhnaton Amenhotep IV)－传记　Ⅳ.
①K834.117=2

中国版本图书馆CIP数据核字（2021）第092720号

生而为王：全13册

埃赫那吞

著　　者 / 〔德〕赫尔曼·A.施勒格尔
译　　者 / 杨稚梓

出 版 人 / 王利民
组稿编辑 / 段其刚
责任编辑 / 周方茹
文稿编辑 / 肖世伟　陈嘉瑜

出　　版 / 社会科学文献出版社·联合出版中心（010）59367151
　　　　　　地址：北京市北三环中路甲29号院华龙大厦　邮编：100029
　　　　　　网址：www.ssap.com.cn
发　　行 / 市场营销中心（010）59367081　59367083
印　　装 / 北京盛通印刷股份有限公司

规　　格 / 开　本：889mm×1194mm　1/32
　　　　　　本册印张：6.875　本册字数：97千字
版　　次 / 2021年6月第1版　2021年6月第1次印刷
书　　号 / ISBN 978-7-5201-8346-8
著作权合同
登 记 号 / 图字01-2019-3616号
定　　价 / 498.00元（全13册）